Klaus Müller

Ausflüge in die KulturRegion
Zwischen Baden-Baden und Bruchsal,
Rastatt und Bretten

Klaus Müller

Ausflüge in die KulturRegion

Zwischen Baden-Baden und Bruchsal, Rastatt und Bretten

Stadtspaziergänge, Ausflüge und Informationen von A–Z

G. Braun Buchverlag

Grußwort
Oberbürgermeister Heinz Fenrich

Liebe Leserinnen und Leser,

bereits die erste Auflage unseres Ausflugsführers in die KulturRegion hat eine Fülle an Sehenswürdigkeiten und Entdeckungstouren in unserer Region zusammengetragen. Die prachtvollen Barockschlösser, die kostbaren Museumsobjekte oder die Vielzahl einladender Stadtviertel sind immer einen Besuch wert. Unser Blick richtete sich aber ebenso auf Verborgenes, Überraschendes, weniger Bekanntes, wie die Ruine des Menzinger Wasserschlosses, das Riedmuseum in Rastatt-Ottersdorf oder den Katz'schen Garten in Gernsbach.

Die zweite Auflage unseres Ausflugsführers in die KulturRegion hat an Umfang noch gewonnen. Darin spiegelt sich einerseits die inzwischen nach Westen erweiterte TechnologieRegion Karlsruhe. Andererseits hat der Autor viele Anregungen und Neuigkeiten mit aufgenommen. Diese und viele weitere Mosaiksteine unserer KulturRegion können Sie mit Hilfe dieses informativen Taschenbuches entdecken und erleben. Denn die TechnologieRegion Karlsruhe zählt nicht nur zu den wirtschaftsstärksten Regionen in Europa. Auch mit ihrer kulturellen Qualität und Vielfalt hat sich die Landschaft entlang des Rheins, zwischen der Südpfalz, dem Kraichgau und dem Nordschwarzwald, einen Namen gemacht. Ihre Kulturgüter tragen in hohem Maße zu einer gesunden Balance zwischen Wirtschaftskraft und Lebensqualität bei.

Die Stadt Karlsruhe wird nach wie vor in einem eigenen Band des G. Braun Buchverlages ausführlich vorgestellt. Sie ist Ausgangspunkt für die meisten der Kulturspaziergänge, die bequem mit der Stadtbahn und zu Fuß unternommen werden können. Der Info-Teil im hinteren Teil des Buches gibt Auskunft zu den jeweiligen Stadtbahnlinien, den entsprechenden Öffnungszeiten, Telefonnummern und Internetadressen.

Bedanken möchte ich mich ganz herzlich bei allen, die zu diesem gelungenen Gemeinschaftsprodukt beigetragen haben, um Ihnen, verehrte Leserinnen und Leser, unsere KulturRegion ein Stück näher zu bringen. Ich wünsche Ihnen viel Spaß auf Ihren Entdeckungsreisen!

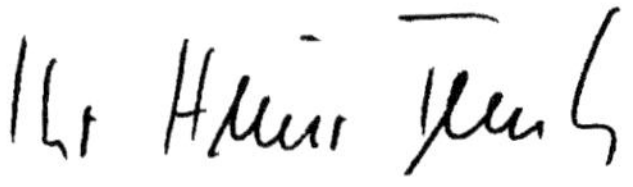

Heinz Fenrich
Oberbürgermeister der Stadt Karlsruhe
Vorsitzender der TechnologieRegion Karlsruhe

TechnologieRegion Karlsruhe: Baden-Baden + Bretten + Bruchsal + Bühl + Ettlingen + Gaggenau + Karlsruhe + Rastatt + Rheinstetten + Stutensee + Landkreis Germersheim + Landkreis Karlsruhe + Landkreis Rastatt + Landkreis Südliche Weinstraße + Regionalverband Mittlerer Oberrhein

Eine Initiative der TechnologieRegion Karlsruhe (www.technologieregion-karlsruhe.de) und des Karlsruher Verkehrsverbundes (www.kvv.de)

Über dieses Buch

Die Region rund um Karlsruhe zeichnet sich durch eine reiche Geschichte und viele interessante Bauwerke aus. Von Baden-Baden und Bühl im Süden bis Bruchsal und Bretten im Norden erstreckt sich das Gebiet der TechnologieRegion Karlsruhe.

Fachwerk-Architektur aus dem 18. Jahrhundert: Fenster am Walk'schen Haus in Weingarten.

Dieser Führer informiert über alle wichtigen Sehenswürdigkeiten, sowohl in den großen Städten als auch in den kleineren Gemeinden. Er führt Sie zu zahlreichen Ausflugszielen in über 40 Städten und Gemeinden in der KulturRegion Karlsruhe. Schlösser in Rastatt und Bruchsal, Klöster in Herrenalb und Maulbronn, Badetempel in Wildbad und Baden-Baden, Fachwerk in Eppingen und Weingarten, Kirchen in Freudenstadt und Schwarzach – all das lässt sich mit diesem Führer bestens erkunden und (neu) entdecken.

Gebaut zu Ehren eines Bruchsaler Originals: der Ferdinand-Keller-Brunnen.

Von der Haltestelle „Karlsruhe Marktplatz" aus können Sie mit den Bussen und Bahnen des Karlsruher Verkehrsverbunds (KVV) bequem alle Ausflugsziele erreichen. Hinweise auf die besten Verbindungen, die jeweilige Fahrtdauer ab Haltestelle „Karlsruhe Marktplatz" und ein ausführlicher Infoteil mit allen wichtigen Adressen und Öffnungszeiten runden das praktische Buch ab.

Der kompakte und handliche Band versteht sich als Ergänzung zu dem ebenfalls im G. Braun Buchverlag erschienenen Buch „Karlsruhe – Der Stadtführer", das die wichtigen und sehenswerten Orte in der Residenzstadt in 15 Stadtrundgängen präsentiert.

Wir wünschen Ihnen viele aufregende und stimulierende Kultur-Erlebnisse auf Ihren Ausflügen in die KulturRegion.

Inhalt

Stadtspaziergänge und Ausflüge

1 Achern – die Stadt am Fuß der Hornisgrinde

KVV S4 oder R4 ab Ⓗ „Karlsruhe Hbf." bis Ⓗ „Achern Bahnhof". Fahrtdauer ca. 45–60 min.

Hätten Sie gewusst, dass Bertolt Brecht „Stammgast" in Achern war, dass seine Kalendergeschichte „die unwürdige Greisin" eben in Achern ihren Ursprung hat? Diese „unwürdige Greisin" reist in der Geschichte von „A nach K" – sie reist von Achern nach Karlsruhe. Heute erinnert eine fast unscheinbare Gedenktafel an einem Gebäude in der Hauptstraße 66 an das Brecht'sche Intermezzo in der Stadt zwischen Rheinebene und Schwarzwald. Dort verbrachte der junge Bertolt regelmäßig die Sommerferien bei seinen Großeltern Stephan Berthold Brecht und Karoline Brecht (geb. Wurzler). Seiner Großmutter widmete er die Kalendergeschichte; eine resolute Frau, die nach dem Tod ihres Mannes in die gesellschaftliche Kritik geriet, weil sie sich nicht wie eine „normale, von Trauer geplagte Witwe" verhielt.

Die kleine Geschichte ist durchaus typisch für Achern. Etliches, was den Reiz der Stadt und ihrer Stadtteile ausmacht, liegt manchmal doch etwas im Verborgenen und muss entdeckt werden. Und lassen Sie sich nicht vom ersten Eindruck täuschen, Achern sei nicht mehr als ein großes Dorf durch dessen Mitte eine stark befahrene Straße, die vormalige B 3 und heutige B 3 „alt", führt. Die kleine Entdeckungstour soll ihren Anfang am Bahnhof nehmen. Von dort sind es wenige Minuten bis in die Innenstadt, bis zur alten Bundesstraße, aus der dann die Hauptstraße wird. Hausnummer 4 verdient zunächst Beachtung. In dem noch fast original erhaltenen Gebäude, inzwischen als Wohnhaus genutzt, befand sich zwischen 1877 und 1905 die „höhere Bürgerschule", der Vorläufer des Gymnasiums.

Ein Wahrzeichen der Stadt: das „Klauskirchl".

Eins fällt beim Rundblick über die Häuser und Gebäude links und rechts der Hauptstraße auf: Es ist so gut wie keine alte Bausubstanz vorhanden, kein Fachwerk, nichts, was älter als wenigstens 100 Jahre wäre. Bei einem Luftangriff Anfang 1945 wurde fast die komplette Innenstadt zerstört. Es gibt aber eine Ausnahme: die **St. Nikolauskapelle** nahe der vormaligen Bürgerschule und des Tourist-Infozentrums (Hauptstraße 13). Die Kapelle, auch **„Klauskirchl"** genannt, ist das älteste Baudenkmal und Wahrzeichen Acherns. Es liegt tatsächlich inmitten des alltäglichen Verkehrs, inmitten der Geschäftemeile der Großen Kreisstadt. Bis ins 8. Jahrhundert reicht die Geschichte der Kapelle zurück. Ein Teil des heute noch zu sehenden Mauerwerks dürfte in die Zeit nach 1100 fallen. Die Kapelle, vor allem aber ihr Namensgeber, sollte Achern vor Überschwemmungen verschonen. Immer wieder trat die nahe gelegene Acher (daher der Stadtname) mit rauer Gewalt über die Ufer und suchte das Städtchen heim. St. Nikolaus, Schutzheiliger gegen die Gefahren des Wassers, sollte dem Einhalt gebieten. Ein Tipp: In der Tourist-Info (untergebracht in einem Reisebüro) liegt der Schlüssel für das „Klauskirchl", und er darf kurz ausgeliehen werden.

Das Leopoldsdenkmal.

Weiter geht's nun Richtung Adlerplatz. Wo sich heute öffentliche Parkplätze befinden, stand vormals die berühmte **Gaststätte „Adler"**. Hier trafen sich die Bürger, wenn Recht gesprochen werden musste. In unmittelbarer Nähe stand das **Gasthaus „Engel"**, unter anderem ein Treffpunkt der Freiheitskämpfer der Badischen Revolution (1848/49). Übrigens nicht der einzige Treffpunkt in Achern, wie sich später zeigen wird. An die Revolution erinnert rund um den Adlerplatz recht wenig. Dafür aber an die „Folgezeiten". 1855 wurde – und damit war nicht jeder Bürger einverstanden – das **Leopoldsdenkmal** enthüllt. Das Denkmal erinnert an Großherzog Leopold von Baden (1790–1852), Sohn von Karl Friedrich. Karl Friedrich wiederum verlieh Achern 1808 die Stadtrechte. Warum dann aber ein Denkmal von Leopold? Möglicherweise wollten Bürger, die der Revolution skeptisch gegenüberstanden, das Wohlwollen von Friedrich I. von Baden (dem zweiten Sohn von Leopold) gewinnen. Schwamm drüber. Zumal der Standort des Denkmals fast noch mehr Aufmerksamkeit verdient. Es handelt sich um den geografischen Mittelpunkt von Baden. Ganz verschämt im Hintergrund kündet davon eine Infotafel.

Auf dem Weg zur Brecht'schen Erinnerungstafel (Hauptstraße 66) lohnt sich ein kurzer Stopp beim „Brunnen-Philipp" (verlängerter Adlerplatz). Die Brunnenanlage ist die älteste ihrer Art in Achern. Erbaut wurde der Brunnen anlässlich des 100. Stadtjubiläums 1908. Philipp heißt der traurig dreinblickende Junge am Brunnenrand. Er ist der Hirte aus der Mummelseesage, der sich dummerweise in eine Mummelseenixe verliebte.

Nun empfiehlt es sich, Achern links und rechts der Hauptstraße zu erkunden. Es gibt tatsächlich so etwas wie verkehrsberuhigte Zonen, die zum Bummeln, zum Kaffeetrinken und zu einem innerstädtischen Spaziergang einladen. Wer einen geschichtsträchtigen Ort sehen möchte, sollte in der Kapellenstraße 7 (gleich die Straße an der St. Nikolauskapelle) bei der **Gaststätte „Zur Hoffnung"** vorbeischauen. Dort wurde am 2. April 1848 eine Volksversammlung einberufen, die richtungweisend für die gesamte Badische Revolution gewesen sein soll. Ans „Shoppen" dürften die Revolutionäre von damals kaum gedacht haben – im Gegensatz zu den Ausflüglern von heute. Für die hält Achern eine Besonderheit parat: eine verhältnismäßig hohe Dichte an Inhaber geführten Einzelhandelsgeschäften; das gute alte Geschäftsmodell fast schon vergangener Tage.

Entspannung bietet nun ein Besuch im Stadtgarten (ausgeschildert). Vor allem Kinder kommen dort auf ihre Kosten. Zum Spielen lädt ein bemerkenswert gestalteter und abwechslungsreicher Abenteuerspielplatz ein.

Ausflugstipp Und nun wartet noch ein Ausflugsziel auf uns, bei dem es dann doch schwer fällt, überhaupt den Begriff „Ausflug" zu gebrauchen. Es geht zur **Illenau**, zu den Gebäuden einer ehemaligen Heil- und Pflegeanstalt (1842–1940) an der Illenauer Allee. Der Arzt Christian Friedrich Wilhelm Roller initiierte die Einrichtung dieser „(Irren-)Anstalt". Für die damalige Zeit war die Art und Weise, wie er die Anstalt einrichten und führen wollte, geradezu revolutionär. Bis dato wurden die so bezeichneten „Irren", „Verrückten", die an einer seelischen Krankheit litten, weggeschlossen. Und das zumeist bis zu ihrem Tod. Die neue Anstalt, die 650 Patienten Platz bot, und sich zu einem Wirtschaftsmagnet für Achern und die Umgebung entwickelte, sollte eine moderne Heil- und Pflegeanstalt sein, in der die Therapie der Kranken im Vordergrund stand. Von der Geschichte der Anstalt, von den Menschen, die dort lebten und arbeiteten, die dort behandelt wurden und auch starben, kündet der nahe gelegene Waldfriedhof, Ortsausgang Richtung Sasbachwalden. Nach 1945 nutze das französische Militär die imposante Anlage. Heute wird die Illenau privat (Wohnraum) und künftig auch öffentlich genutzt (Rathausabteilungen).

Zum Abschluss des Achern-Besuchs (ist auch am Anfang möglich) steht jetzt noch ein Spaziergang zum **Sensen- und Heimatmuseum** in der Berliner Straße 31 an. Deutschlandweit wohl einmalig dürfte das Sensenmuseum sein. Über Generationen spielte das Sensenmacher-Handwerk in dem Städtchen eine wichtige Rolle. Am 31. Dezember 1965 wurde in Achern die letzte Sense geschmiedet. Einen trefflichen Einblick in die Sensenfertigung bietet das Museum dem interessierten Besucher. Ähnliches lässt sich vom Heimatmuseum sagen, in dessen Mittelpunkt original eingerichtete Werkstätten stehen.

Wenden wir uns nun dem Umland von Achern zu. Es gibt zwei gute Möglichkeiten, es zu erkunden: mit der Achertalbahn über Kappelrodeck bis nach Ottenhöfen oder mit dem Bus über Sasbachwalden bis hoch hinauf zum Mummelsee. Gestartet wird jeweils am Bahnhof Achern. In jedem Fall sollte man im Acherner Ortsteil Mösbach Station machen. Zu Recht darf sich das Dorf als „Kirschendorf" bezeichnen. Umgeben wird es von einer unwahrscheinlichen Anzahl von Kirschbäumen. Nach der Ernte werden die

Das sagenumwobene „Edelfrauengrab" im Gottschlägtal bei Ottenhöfen.

angebauten Schwarzkirschen „verflüssigt" – aus ihnen wird „Schwarzwälder Kirschwasser". Allein 180 Kleinbrennereien gibt es in Mösbach. Besonders empfehlenswert ist ein Besuch während der Kirschblüte verbunden mit einem Abstecher zum dortigen Kirschblütenfest oder während der Ernte und der darauf folgenden „Brennzeit".

Frisch gestärkt und hoffentlich ohne Kater könnte es nun auf Schusters Rappen weitergehen. Achern bietet sich als Ausgangspunkt für etliche Wanderungen ins Umland bis hoch in den Schwarzwald an.

Ausflugstipps

Drei-Kirschen-Weg (14 km): Bahnhof Achern – Fautenbach – Mösbach/Ortsmitte – Lourdes-Grotte – Waldsee – Illenau – Oberachern – Bahnhof Achern.

Obst- und Weinlehrpfad Oberachern (4,5 km): Antoniuskapelle – Lourdes-Grotte – durch die Oberacherner Weinberge – Feldbachbrücke – Schlossbächel/Meierfeld – Antoniuskapelle.

Regionalweg Achern-Hornisgrinde (15 km): Bahnhof Achern – Illenau – Sasbachwalden – Schindelskopf – Schwarzwaldhochstraße – Hornisgrinde (Dreifürstenstein – Mummelsee).

2 Bad Herrenalb – Kurort und Kloster im Schwarzwald

KVV

S1 bis H „Bad Herrenalb Bahnhof". Fahrtdauer ca. 45 min. Nach Dobel ab H „Bad Herrenalb Bahnhof" mit dem BUS **716** oder **719** bis H „Ortsmitte". Fahrtdauer ca. 75 min.

Lange bevor die Stadtbahn ihren Siegeszug auf Schienen in der nahen und weiten Region antrat, gab es bereits ein Ausflugsziel, das die Bahn anfuhr: Bad Herrenalb. Verantwortlich hierfür zeichnet die Albtal-Verkehrs-Gesellschaft (AVG). Fast schon Generationen von Ausflüglern, besonders aus Karlsruhe und dem Umland, fahren mit der Bahn in den Kurort; getreu dem Motto „Der Weg ist das Ziel". Schließlich führt die Stadtbahn durch das liebliche Albtal. Das sorgt schnell für gute Ausflugsstimmung. Der obligatorische Spaziergang durch Bad Herrenalb, durch den Kurpark und zur Klosterruine, gehört genauso dazu, wie ein Besuch in einem der zahlreichen Cafés in dem Kurstädtchen.

Auch im Winter lässt es sich hier tief durchatmen.

Bad Herrenalb gilt, zusammen mit Dobel, Neuenbürg und Straubenhardt, als das Nord-Portal zum **Naturpark Schwarzwald Mitte/Nord**. Mit seinen insgesamt 360 000 ha ist er der flächenmäßig größte Naturpark Deutschlands. Eine Präsentation zum Naturpark gibt es im Bad Herrenalber Kurhaus, direkt an der Stadtbahn gelegen. Vom Bahnhof geht es nun Richtung Innenstadt. Nicht weit entfernt liegen der **Kurpark** und das **Kurhaus**. Die recht moderne Architektur des Gebäudes passt sich in die Umgebung ein. Sie wirkt offen und einladend. Gleiches gilt für den Park, der genügend Rückzugsinseln bietet.

Untrennbar verbunden mit Herrenalb ist die Geschichte des gleichnamigen **Klosters**. Der Weg führt durch einen Torbogen in die Altstadt. Zugegeben, die Bezeichnung „Altstadt" mag etwas übertrieben sein, dennoch trifft sie – historisch gesehen – durchaus zu; ganz besonders mit Blick auf die Klosterruine und die ehemaligen Wirtschaftsgebäude. Am Eingang des Klosterareals stehen Tafeln mit Erklärungen über die Klostergeschichte und die Anordnung der Klostergebäude.

Die Klosterkirche aus der Zeit der Romanik.

Kloster Herrenalb 1149 stiftete Berthold III. von Eberstein aus Dankbarkeit, den 2. Kreuzzug überlebt zu haben, zusammen mit seiner Gemahlin Uta das Kloster Herrenalb (Alba Dominorum). Seine Stiftung kam den Zisterziensern zugute – Mönche, die in Einsamkeit und Armut leben wollten nach den Regeln des Heiligen Benedikt. In Herrenalb fanden sie die richtige Umgebung, da bislang niemand an diesem Ort siedelte. Doch ähnlich wie im Zisterzienserkloster Maulbronn waren die Mönche, vor allem die Laienbrüder, unwahrscheinlich fleißig. Schon bald entstand ein wirtschaftlicher Mittelpunkt, der Bauern und Handwerker anzog. Seine größte Blüte erlebte das Kloster im 14. und 15. Jahrhundert. Das Ende kündigte sich während der Bauernkriege an. 1525 brandschatzten Bauern das Kloster. Im Verlauf der Reformation 1534 wurde der Konvent in seiner ursprünglichen Form aufgelöst und eine Klosterschule eingerichtet. Den Todesstoß versetzten 1642 die Schweden im Dreißigjährigen Krieg der Klosteranlage. 1739 wurde der noch bestehende Chor der ehemaligen Klosterkirche zum Neubau einer evangelischen Kirche verwendet. Zu erkennen ist noch die Vorhalle, das sogenannte Paradies. Und nicht zu vergessen der Turm und seine Skulpturen am spätgotischen Giebel. Die Skulpturen entstanden wahrscheinlich um 1462. Die Frontseite des Giebels ziert ein Posaune blasender Engel. Er liegt zu Füßen des leidenden Christus. Im Gegensatz dazu legt das Westportal noch Zeugnis von der typischen Schlichtheit zisterziensischer Klöster ab.

Neben der Geschichte bietet Bad Herrenalb aber auch eine Menge Unterhaltung und Erlebnis in der Gegenwart. Erholung für Leib und Seele gibt es in der **Siebentäler Therme**. Die Betreiber haben sich einiges einfallen lassen, um aus einem herkömmlichen Thermalbad ein Gesundheitsbad mit Unterhaltungswert zu machen. Bei einer Lightshow und Musikprogrammen, von Klassik über Pop bis New Age, können sich die Badegäste entspannen.

An diesem Wildbach lässt sich die Natur noch ungebändigt erleben.

Wer nun genügend Kräfte getankt hat, sollte auf Schusters Rappen die Region erkunden. Hierfür bietet sich ganz besonders der **Quellenerlebnis-Pfad** an. Er beginnt am Wanderparkplatz oberhalb des Waldfriedhofs und führt über 3 km zu 16 Stationen – zu Sturzquellen, Quellsümpfen oder an einem Wildbach entlang.

Ein Naturerlebnis für alle Sinne verspricht der **Walderlebnis-Pfad**. 2,3 km lang zieht er sich durch eine erlebbare Waldlandschaft. Gestartet wird im Ortsteil Bernbach bei der Festhalle.

Ausflugstipp Im Sommer fahren von Mai bis Oktober **Dampfzüge** in das Albtal, von Ettlingen nach Bad Herrenalb und zurück. Die Ulmer Eisenbahnfreunde veranstalten die nostalgischen Fahrten mit Dampflok und alten Personenwagen – ein Erlebnis für große und kleine Eisenbahnfreunde. Auskunft über den Fahrplan gibt es beim Karlsruher Verkehrsverbund (KVV).

Bad Herrenalb ist der Ausgangspunkt zahlreicher Wanderwege: ins Gaistal, zur Plotzsägmühle oder zur Teufelsmühle. Die Wege sind gut ausgeschildert. Wer ganz sicher gehen und keine Sehenswürdigkeit am Wegesrand auslassen will, sollte sich die Regio-Karte des Karlsruher Verkehrsverbunds kaufen. Und an heißen Sommertagen empfiehlt sich ein Besuch im **Waldfreibad**, das mit frischem Quellwasser gespeist wird.

Ausflugstipp 15 km von Bad Herrenalb entfernt liegt **Dobel**. Vor allem im Winter bietet sich die auf 720 m Höhe gelegene Gemeinde als Ausflugsziel an. Es gibt Gelegenheit zum Ski fahren, Langlaufen und Rodeln; oder um die schöne Landschaft bei Spaziergängen oder Pferdeschlittenfahrten zu genießen.

Der Dobel ist ein Paradies für Wintersportfreunde.

Bad Wildbad – Badeort mit Tradition

S5 bis Ⓗ „Pforzheim Hbf.", umsteigen in S6 bis Ⓗ „Bad Wildbad Uhlandplatz". Fahrtdauer ca. 90 min. Zum Heimat- und Flößermuseum Calmbach: Von Ⓗ „Pforzheim Hbf." mit S6 bis Ⓗ „Bahnhof Calmbach". Fahrtdauer 81 min. Von dort 10 min Fußmarsch durch die Hauptstraße Richtung Ortsmitte.

Dass hier in den vergangenen Jahren kräftig investiert wurde, ist unverkennbar. Bad Wildbad will Ausflügler, Erholungs- und Kurgäste auf seiner Gemarkung beherbergen. Der erste Eindruck? Unauffällig und doch hübsch anzusehen. Einmal abgesehen von den Autos, die sich immer wieder in der Kurmeile zeigen, strahlt die Stadt Ruhe aus. Sicherlich liegt das mit an ihrer schönen Lage im Schwarzwald, an bewaldeten Hängen und an der Enz, die mitten durch Bad Wildbad fließt. Um Bad Wildbad richtig kennen zu lernen, bedarf es eines Blickes auf die „inneren Werte" der Kurstadt. Das ist durchaus im wahrsten Sinne des Wortes zu verstehen.

Der Glanz früherer Kurortzeiten lässt sich nicht auf den ersten Blick ausmachen. Deswegen empfiehlt es sich, sich von der architektonischen Seite der Stadt zu nähern; angefangen beim **Haus des Gastes**, dem ehemaligen König-Karls-Bad. Von der Haltestelle Uhlandplatz sind es nur wenige Schritte zum Kurpark. Vorbei an der Touristinformation, wo sich ein kleiner Zwischenstopp lohnt, da dort etliches an Informationsmaterial für den Ausflügler bereitgehalten wird. Danach geht es weiter zum Haus des Gastes. Die Türen des imposanten Baus stehen jedermann offen. Schon beim Eintritt in das Haus und besonders nach den ersten Schritten im Vestibül (von lat. *vestibulum* = Vorhalle, Vorplatz) wird deutlich, was anfangs mit den inneren Werten Bad Wildbads gemeint war. Die Eingangshalle und das Treppenhaus sind äußerst repräsentativ. Über allem wachen die Büsten von Königin Olga und König Karl. Nach dem württembergischen König wurde das vormalige Badegebäude benannt – allerdings erst 1893, unmittelbar nach dem Tode des Monarchen. Zunächst 1882 als eher bescheidenes einstöckiges Haus erbaut, entstand wenige Jahre später der heutige Gebäudekomplex mit deutlichen Anleihen an die Renaissance. Dampfbäder und Leseräume luden zur Kur ein. Mit der Fertigstellung des ansehnlichen Wartesaals fand das König-Karls-Bad seine Vollendung. Bis 1977 diente es als Kurmittelhaus.

Im Erdgeschoss befindet sich ein Trinkbrunnen. Ansonsten aber wird das Thermalwasser weniger getrunken, sondern soll vor allem die „geschundenen Knochen" wieder auf Vordermann bringen. An die württembergische Regentschaft erinnern im Foyer des Hauses vier Ölgemälde, darauf dargestellt die württembergischen Kreise Donau, Schwarzwald, Neckar und Jagst. Auf keinen Fall versäumen sollte man den Gang durch das Treppenhaus, über die Marmortreppe ins Obergeschoss. Anmutige Frauengestalten an den Wänden, in Fresko-Technik ausgeführt, begleiten einen dabei. Sie symbolisieren die Kraft, die Natur, das Wasser, die Arbeit, den Reichtum, die Gesundheit und den Schlaf. Umschlossen wird das Treppenhaus vom Kuppel-

Der Kuppelsaal ist die „gute Stube" des Wildbads.

saal. Ein Blick nach oben, zum Deckengemälde von Professor Hans Kolb aus dem Jahr 1891, verweist abermals auf die Gesundheit. Vom Kuppelsaal aus geht es in einen Lesesaal und in ein Spielzimmer.

Der **Kurpark** von Bad Wildbad erstreckt sich immerhin auf einer Fläche von 35 ha. Er liegt in unmittelbarer Nähe zum Haus des Gastes. Einfach der König-Karl-Allee folgen. Insbesondere an heißen Tagen bietet sein beachtlicher Baumbestand kühlen Schatten. Und nicht zu vergessen die Enz, die wie ein natürliches und erfrischendes Kühlsystem wirkt. Auf dem Rundgang, der rechts der Enz am Kurhaus vorbei führt, erwarten den Spaziergänger aber nicht nur gepflegte Kulturlandschaften, sondern etliche Sehenswürdigkeiten. Er kreuzt den **Rosengarten** und später die **Gartenhalle**. Die Umgebung dort gilt als sonnigster Fleck der Kuranlagen. Liegestühle laden zum Verweilen und Entspannen ein. Beachtung verdient auf dem weiteren Weg zudem der **Uhlandstein**: 1811 besuchte der Dichter Ludwig Uhland Wildbad, wo ihm eine alte Geschichte um Graf Eberhard zu Gehör kam. Diese Eindrücke verarbeitete Uhland später in dem Zyklus „Graf Eberhard der Rauschebart". Die wohl bekannteste Ballade daraus ist „Der Überfall im Wildbad". Nehmen wir uns einfach ein bisschen Zeit – in der einladenden Umgebung des Kurparks – der **Geschichte von Wildbad und den Geschichtchen um Wildbad** nachzugehen.

Historischer Abriss Erstmals urkundlich erwähnt wurde Wildbad 1345. 1367 hielt sich der württembergische Graf Eberhard in Wildbad auf und wurde dort vom Grafen von Eberstein überfallen. Eberhard rettete sich und seine Familie auf die Burg Zavelstein. Für Wildbad selbst gab es keine Rettung. Die Ebersteiner verwüsteten die Ortschaft. Der schwäbische Dichter Ludwig Uhland machte aus dem Stoff eine Ballade. Im Dreißigjährigen Krieg zerstörten Landsknechte 1645 in wenigen Stunden 90 Häuser und die Kirche. In die Geschichte ging die Brandschatzung als fünfter großer Stadtbrand ein. 1742 sollte ein weiterer folgen, diesmal ohne kriegerische Einwirkung. Ein Großteil von Wildbad brannte ab. Nicht zuletzt deswegen finden sich in der heutigen Stadt kaum Gebäude, die älteren Datums als 1742 sind. Aber es kamen auch bessere Zeiten. 1824, unter der Regentschaft des württembergischen Königs Wilhelm I., begannen der Ausbau und die Modernisierung der Stadt. 1992 wurde aus der Stadt Wildbad im Schwarzwald Bad Wildbad.

Nun kann der Spaziergang durch den Kurpark weitergehen – zur **Schwarzwaldmühle**, parallel gelegen zum Uhlandstein, zum Schweizerhäuschen, ein trefflicher Platz für ein Picknick, und hoch zum Karlsberg mit seinem Obelisken. Wir folgen dem Weg bis zur Enz und überqueren sie. Kurz nach der Brücke taucht der **Maurische Pavillon** auf. Die Hälfte des Rundweges ist geschafft. Von nun an begleitet uns die Enz. Sie schlängelt sich an dem Spazierweg entlang bis zur **Englischen Kirche**. Umgeben von eindrucksvollen Bäumen, darunter zwei gewaltige Mammutbäume, gefällt das Kirchlein durch sein dörfliches Erscheinungsbild. 1865 erbaut, wurde es mit Mitteln der anglikanischen Kirche Englands umgebaut. Das Kirchlein erweckt nun den Eindruck einer mittelalterlichen Dorfkirche.

Der Maurische Pavillon ist eine orientalische Insel im Kurpark.

Nach dem Fußmarsch wird es Zeit für ein Päuschen – in der **Trinkhalle** oder im **Kurparkrestaurant**. Von dort aus fällt der Blick auf die katholische **St.-Bonifatius-Kirche** mit ihrem 45 m hohen Turm und auf das ehemalige **Kurtheater**. Vielleicht sind dem ein oder anderen auf dem Weg vom Haus des Gastes in den Kurpark linker Hand einige Gebäude aufgefallen. Jetzt auf dem Rückweg – vom Kurhaus aus gesehen – liegen sie natürlich rechts. Eines der Gebäude mutet fast wie ein luxuriöses Hotel an mit einer auffälligen Außenfassade. Nein, nicht zu verwechseln mit dem Betonklotz, samt verspiegelten Fenstern. Bei dem „Hotel" handelt es sich um das **Wildbader Rathaus**. Und tatsächlich wurde das imposante Haus 1913/14 als Hotel „zum Löwen" gebaut. 1922 erwarb es die Stadt und nutzt es seither als Verwaltungssitz. Steinerne Figuren, eine Nixe und Kinder, die typische Hotelarbeiten symbolisieren, zieren die Fassade. Ein **Relief** gibt es im Sitzungssaal zu bestaunen. Die Bilder von Karl Spingler aus dem Jahr 1922 illustrieren die Uhlandballade „Der Überfall in Wildbad". Sofern nicht gerade der Gemeinderat in dem Saal tagt, kann er besichtigt werden.

Und nun zu dem Betonklotz, in dem einige Jahre das Kurmittelzentrum untergebracht war. Inzwischen ist das Gebäude fast verwaist und weit entfernt von seiner ursprünglichen Funktion. Es befindet sich im Besitz des Landes Baden-Württemberg – ebenso wie der Kurpark, das Thermalbad Wildbad und das **Palais Thermal**. Letzteres schließt unmittelbar an den Betonklotz an. Der Antagonismus zwischen den beiden Bauwerken ist nicht zu übersehen. Hier die Bausünde aus den 70er Jahren des 20. Jahrhunderts, dort der sehenswerte Bau aus dem 19. Jahrhundert. Sieben Jahre lang von 1840 bis 1847 dauerten die Bauarbeiten am Palais Thermal. Nach den Plänen von Nikolaus Friedrich von Thouret wurde es direkt über dem Ausgang der Quellen errichtet. Ende des 19. Jahrhunderts wurden die Fürstenbäder im

Das Palais Thermal wurde in jahrelanger Arbeit historisch getreu wieder hergestellt und erstrahlt nun wieder in altem Glanze.

maurischen Stil umgebaut. Das Kernstück bildet die maurische Halle. In den 90er Jahren des vergangenen Jahrhunderts ließ das Land Baden-Württemberg das Bad für knapp 17 Millionen Euro umbauen. Marmorstatuen, Mosaike, farbige Verglasungen oder vielfarbige Boden- und Wandfließen lassen den „Badepalast" in neuem Glanz erblühen.

Keinesfalls verstecken muss sich das andere Thermalbad in Wildbad – die **Vital Therme** im Kurpark mit Sauna, Dampfbad, Außen- und Innenbecken sowie vielfältigen Gesundheits- und Wellnessangeboten. Für Familien mit Kindern ist es besser geeignet als das eher ehrwürdige Palais Thermal.

Wie wäre es zum Abschluss der Wildbad-Tour mit einem „Blick von oben"? Also zurück, Richtung Touristinformation. Direkt an einer Apotheke führt die Uhlandstraße zur Talstation der **Bergbahn**. 1907/08 wurde die Schienenstandseilbahn gebaut. Bis zum Sommerberg hoch werden Steigungen von 37–52° überwunden. Platz gibt es in der Bergbahn auch für Fahrräder. Der Sommerberg ist mit seinen 900 m Höhe längst schon mehr als nur ein Geheimtipp für Mountainbiker.

Museumstipp Bad Wildbad gehört zu den fünf waldreichsten Gemeinden in Baden-Württemberg. Die Holzwirtschaft war über Generationen hinweg der wichtigste Wirtschaftszweig. Bevor im 19. Jahrhundert die Eisenbahn in die Region kam, wurde das Holz auf der Enz transportiert. Bis nach Holland steuerten die wagemutigen Flößer. An diese Epoche erinnert das **Heimat- und Flößermuseum Calmbach** – mit vielen Exponaten, Modellen, eben mit all dem, was die Welt der Flößer ausmachte.

Baden-Baden – mondäne Atmosphäre an der Oos

S4 oder R4 ab Ⓗ „Karlsruhe Hbf." bis Ⓗ „Baden-Baden", umsteigen in den BUS 201, 205, 243, 244 oder 245 bis Ⓗ „Festspielhaus". Zum Merkur mit dem BUS 205 bis Ⓗ „Merkurwald". Fahrtdauer ca. 40 min.

Vom „Mythos Baden-Baden" spricht die Stadtverwaltung nur allzu gerne. „Die Stadt ist ein Mythos", heißt es entsprechend in einem Stadtführer. Das heutige Baden-Baden lebt auch von der Erinnerung an die Vergangenheit, von unzähligen Geschichten und tatsächlichen Begebenheiten, die ihren Teil zum Mythos beitrugen. Dostojewski und Tolstoj waren in Baden-Baden, Mark Twain, Queen Victoria und Kaiser Wilhelm I., wie ohnehin fast der gesamte europäische Hochadel des 19. Jahrhunderts. Und alle hinterließen ihre Spuren in der Stadt. Und nicht zu vergessen die Römer, die etwa 75 n. Chr. die heilende Kraft der Quellen entdeckten und sie für sich nutzten.

Baden-Baden – eine Stadt, eingebettet zwischen Rheinebene und Schwarzwaldhängen. Der Frühling soll dort etwas früher beginnen als anderswo und der Herbst soll dem Winter länger Paroli bieten. Kaum verwunderlich, dass im Badener Rebland ganz besondere Weine heranwachsen. Baden-Baden besitzt zudem mit den größten Stadtwald Deutschlands. Auch die Wanderer dürften auf ihre Kosten kommen. Unzählige Kilometer umfasst das Wanderwegnetz auf der Stadtgemarkung.

Beginnen wir den Spaziergang durch Baden-Baden im **Kurviertel**. Es empfiehlt sich, an der Bushaltestelle nahe dem Festspielhaus auszusteigen. In dem vormaligen Bahnhof, im Neorenaissance-Stil von 1892–1894 errichtet, ist heute das **Festspielhaus** untergebracht. Mit seinen rund 2500 Sitz-

Im Alten Bahnhof befindet sich heute das Festspielhaus.

plätzen zählt es zu den größten seiner Art. Das eigentliche Festspielhaus wurde an die Rückseite des Bahnhofs angebaut. Der alte Bahnhof selbst dient als Eingang. Führungen, wenngleich unregelmäßig, durch das Haus sind möglich.

Wer nun Durst verspürt und noch etwas für seine Gesundheit tun möchte, ist in der 1839–1842 erbauten **Trinkhalle** richtig. Entworfen hat die Halle der Weinbrenner-Schüler Heinrich Hübsch. Die Trinkhalle, getragen von 16 korinthischen Säulen, lässt sich durchaus mit einem Monumentalgebäude vergleichen. 90 m misst die Wandelhalle. 14 romantische Wandbilder von Jakob Götzenberger, die von badischen Sagen erzählen, sowie zahlreiche Themenreliefs sorgen dafür, dass das „Wandeln" nicht allzu langweilig ausfällt. In der Trinkhalle befinden sich zudem ein Café und die **Tourist-information**. Vor der Halle steht die Marmorbüste eines Mannes, dem Baden-Baden viel zu verdanken hat: Kaiser Wilhelm I. Vier Jahrzehnte lang war Wilhelm regelmäßig Gast in der Stadt. Seine Besuche trugen viel zur Reputation der Stadt bei. Und es gibt noch eine Person, die Baden-Baden salonfähig machte – Markgräfin Amalie von Baden. Fünf ihrer sechs Töchter brachte sie in europäischen Königs- und Fürstenhäusern unter die Haube. Amalie weilte oft in Baden-Baden und ließ sich dort gerne von ihren Enkeln, Schwiegersöhnen und Töchtern besuchen. Schnell erhielt Baden-Baden die Auszeichnung „Sommerhauptstadt Europas".

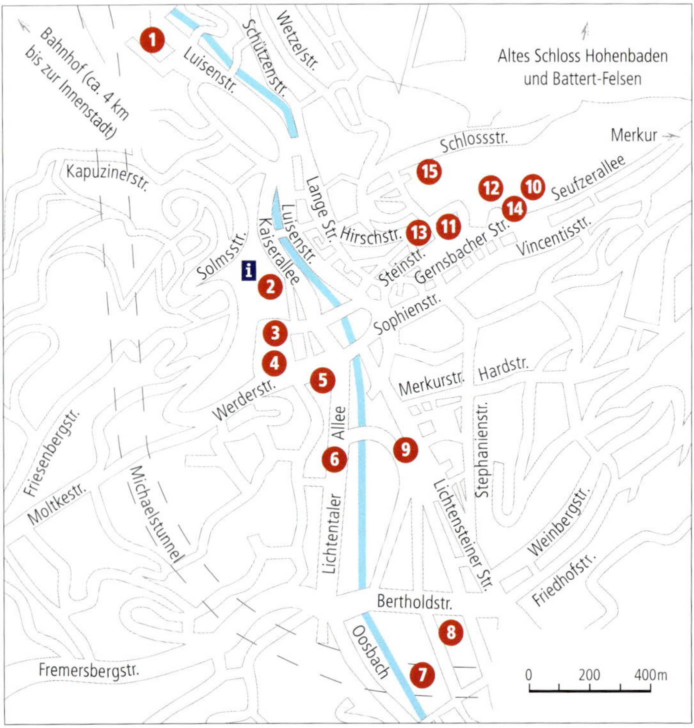

1. *Festspielhaus* *2.* *Trinkhalle* *3.* *Casino* *4.* *Kurhaus* *5.* *Theater* *6.* *Lichtentaler Allee* *7.* *Gönneranlage* *8.* *ehemalige anglikanische Kirche* *9.* *evangelische Stadtkirche* *10.* *Caracalla-Therme* *11.* *Friedrichsbad* *12.* *Frauenkloster vom Heiligen Grab* *13.* *Stiftskirche St. Peter und Paul* *14.* *Spitalkirche* *15.* *Neues Schloss.*

Schon Dostojewski versuchte im Casino sein Glück.

Ein Spielcasino gab es in der Kurstadt bereits seit 1824. Aber erst das Glücksspielverbot in Frankreich 1837 ließ Baden-Baden zu einem internationalen Spielerparadies werden. Und damit wären wir beim **Casino**, das im rechten Flügel des Kurhauses beherbergt ist. Vor allem ab Mitte der 40er Jahre des 19. Jahrhunderts gewann es rasch an Bedeutung. Der Franzose Edouard Bénazet, der vor dem Glücksspielverbot in Frankreich das größte Spielcasino in Paris führte, übernahm die Spielbank in Baden-Baden. 1872 wurde im Deutschen Reich das Glücksspiel verboten. Das Verbot galt bis ins Jahr 1933. Empfehlenswert, auch für Leute die nicht spielen wollen, ist auf jeden Fall eine Führung durch das Casino – durch den Florentinersaal, den Roten Saal oder den Österreichischen Saal.

Ein wenig Kur ließ sich bis 1872 ohne große Anstrengungen in den Spielpausen praktizieren. Die Trinkhalle ist nahe und das Spielcasino ist ohnehin im **Kurhaus**, erbaut von Friedrich Weinbrenner 1821–1824, untergebracht. Auch das Innere des Kurhauses ist sehenswert. Und nicht zu vergessen der Treppenaufgang, auf dessen Stufen etliche Weltstars im Blitzlichtgewitter der Fotografen ihr strahlendstes Lächeln zeigten.

Musikalisch geht die kleine Reise durch Baden-Baden weiter; vorausgesetzt es ist Sommer und etwa 16 Uhr. Dann nämlich gibt es täglich Live-Musik in der **Konzertmuschel** im Kurpark. Und das sogar kostenlos.

Von 1860 bis 1862 wurde das neubarocke **Theaterhaus** im Stil der Pariser Oper erbaut. Hector Berlioz komponierte extra zur Einweihung des Musentempels die Oper „Béatrice et Benedict". Aber nicht nur der Blick auf die Theaterbühne lohnt sich. Mindestens genauso sehenswert sind die Deckengemälde des Pariser Malers Joseph Mazerolles, das Foyer, die Seiteneingänge, wie überhaupt der gesamte Theaterraum. Eine Besichtigung, und dann auch nur für Gruppen, ist nach Voranmeldung möglich.

Die nächste Station ist die **Lichtentaler Allee**. Knapp 3 km führt sie an der Oos entlang, vom Kurhaus bis zum Kloster Lichtental. Viel Grün und ein prächtiger Baumbestand prägen das lang gezogene grüne Kleinod; darunter mit Infotafeln gekennzeichnete Mammut-, Trompeten- oder Götterbäume. Wer Zeit hat, sollte unbedingt einen ausgiebigen Spaziergang durch die Allee einplanen. Der Weg führt vorbei an der ersten Hoteladresse der Stadt, Brenner's Parkhotel (linker Hand), und geht über in die Museumsmeile der Bäderstadt. Gleich vier Museen reihen sich (rechter Hand) in unmittelbarer Folge an die Lichtentaler Allee:

Museum für Kunst und Technik des 19. Jahrhunderts (LA8): Hier die Kunst, dort die Industrielle Revolution. Mehr und mehr unterlagen Kunst und Technik teilweise intensiven Wechselbeziehungen. Sie beeinflussen sich, stoßen sich ab und gehören gleichwohl zusammen. Das für den Betrachter allemal reizvolle Mit- und Gegeneinander findet in dem Museum Raum.

Staatliche Kunsthalle: Die Kunsthalle lebt in erster Linie von ihren wechselnden Ausstellungen. Beachtung verdient nicht zuletzt das Objekt, der neoklassizistische Bau, in dem viele Medien künstlerischer Ausdrucksformen (Malerei, Skulpturen, Fotografie, Video...) vorübergehend eine „Heimat" finden.

Museum Frieder Burda: Die Sammlung des Kunstmäzens Frieder Burda umfasst über 800 Kunstwerke mit einem Schwerpunkt auf der klassischen Moderne und der zeitgenössischen Kunst. Neben Werken bedeutender Künstler sowohl des deutschen als auch des amerikanischen abstrakten Expressionismus umfasst sie Spätwerke von Picasso und geht des Weiteren ausführlich auf die deutsche Kunst der Nachkriegszeit ein. Das Museum, in dem die Sammlung Frieder Burda ausgestellt wird, ist ein Neubau des New Yorker Architekten Richard Meier. Es wurde 2004 in unmittelbarer Nachbarschaft der Staatlichen Kunsthalle Baden-Baden erbaut und mit dieser durch eine gläserne Brücke verbunden (siehe Abb. S. 144).

Stadtmuseum: Einen Überblick über die Geschichte Baden-Badens – von den Römern über die europäische „Sommermetropole" bis hinein in die unmittelbare Vergangenheit – bietet das Museum. Sammlungen, beispielsweise historisches Spielzeug oder Münzen, komplettieren das vielfältige „Geschichtsangebot".

Und noch ein Museumstipp, bei dem es um richtig teure Eier geht: das **Museum für Fabergé Kunst**. Es beherbergt die Sammlung von Fabergé-Eiern von Alexander Ivanov. In ihrer Art weltweit wohl einmalig, zeigt die Ausstellung das Spektrum der Arbeiten des außergewöhnlichen Künstlers, Goldschmieds und Juweliers Peter Carl Fabergé (1846–1920). Zu sehen sind sowohl die berühmten Ostereier der Zarenfamilie als auch Schmuckstücke und Gebrauchskunst (sofern man überhaupt von „Gebrauchskunst" sprechen kann).

Genug in Kunst geschwelgt und hin zu einem Ort, an dem ebenso die Sinne angesprochen werden: zur **Gönneranlage**, einem bemerkenswerten Rosenpark (Lichtentaler Allee, weiter Richtung Lichtental, linker Hand) mit rund 400 Rosensorten, benannt nach dem ehemaligen Oberbürgermeister Albert Gönner. Der Universalkünstler Max Laeuger gestaltete zwischen 1909 und 1912 die vom „Kaffeekönig" Hermann Sielcken in Auftrag gegebene Anlage. Seit 1952 trägt der symmetrisch angelegte kleine Park aufgrund der unzähligen farbenprächtigen Rosen den informellen Namen „Rosengarten".

Auf dem bisherigen Spaziergang durch Baden-Baden trat besonders das Kurviertel in Erscheinung. Deutlich älter als das im 19. Jahrhundert entstandene Viertel ist die **Altstadt** – „hinter" der Oos, vom Kurviertel aus gesehen. Der Weg dorthin (von der Gönneranlage) führt durch das protestantische Villenviertel. Wie aus dem Nichts taucht plötzlich eine Kirche auf, deren normannischer Baustil sich deutlich von anderen Kirchenbauten der Region abhebt. Es handelt sich um die evangelisch-lutherische St.-Johannes-Kirche, eine ehemalige **anglikanische Kirche**. Queen Victoria kam nach Baden-Baden, um das englische Gotteshaus einzuweihen.

In einiger Entfernung erscheint die zwischen 1855 und 1874 erbaute **evangelische Stadtkirche** in ihrem für die damalige Zeit typischen neogotischen Stil. Der Bau der Kirchtürme wurde mit Geld aus der Spielbank finanziert und zusätzlich von Kaiser Wilhelm bezuschusst. Kurz zuvor hatte er ein Attentat überstanden und dankte es Gott mit dieser Spende.

Bereits im Mittelalter genossen die Menschen in der damaligen Stadt Baden das heiße Quellwasser. Ende des 14. Jahrhunderts erließ Markgraf Christoph I. ein Gesetz zum Schutz der Badenden. Es sei verboten, länger als 9 Stunden täglich im Bade zuzubringen, hieß es in der Verordnung. Heute setzen die Betreiber der **Caracalla-Therme** und des **Friedrichsbads** auf die Einsicht der Badegäste. Spaß am Baden dürften bereits die Römer gehabt haben, als sie die Quellen entdeckten. Zeugnis davon legen die **römischen Badruinen**, etwa im Jahr 117 n. Chr. fertig gestellt, unterhalb des Friedrichsbades ab. Bereits damals gab es eine Sauna, einen Heizraum und eine Warmluftheizung. Die gut erforschten Badruinen können besichtigt werden.

Schwitzen in stilvollem Ambiente: das irisch-römische Friedrichsbad.

1670 gründeten Markgräfin Maria Franziska und Markgraf Leopold Wilhelm das **Frauenkloster vom Heiligen Grab** „zur größeren Ehre Gottes und zur besseren Instruierung der Jugend", heißt es in der Stiftungsurkunde. 1689 wurde das neue Kloster, wie auch die ganze Stadt Baden-Baden von französischen Truppen niedergebrannt. Erst elf Jahre später konnten die Sepulchrinerinnen (abgeleitet vom lateinischen Wort *sepulcrum* = Grab) in das wieder aufgebaute Kloster zurückkehren. 1895 wurde das Gebäude im neubarocken Stil restauriert. Das Frauenkloster gehörte zu den wenigen kirchlichen Einrichtungen, die von der Säkularisation 1803 weitgehend verschont blieben. Noch bis Ende 2001 lebten dort Klosterfrauen und leiteten die Klosterschule. Beachtung verdienen der Klosterinnenhof mit seinem jahrhundertealten Brunnen und die Klosterkirche. Im Kircheninneren trennt ein Emporengitter den Gebetsort der Nonnen vom einschiffigen Kirchenraum. Reich geschmückt mit geschnitzten Pflanzenmotiven sind die Kanzel und deren Aufgang.

Auch bei der nächsten Station durch Baden-Baden steht eine Kirche im Mittelpunkt, die **Stiftskirche St. Peter und Paul** am Marktplatz oberhalb der Altstadt. Das hoch aufragende Gotteshaus prägt das Bild der Innenstadt. Der unten noch romanische Turm wird von einer barocken Haube bekrönt. Ursprünglich war der Kirchenbau im romanischen Stil errichtet worden, wurde dann aber in der Spätgotik und im Barock umgebaut und ergänzt. Am Portal sind die beiden Kirchenpatrone Peter und Paul zu sehen. Im Innern präsentiert sich die Kirche eher schlicht, bis auf einige besondere Kunstwerke: das 12 m hohe spätgotische Sakramenthaus am nördlichen Chorbogen und das über 5 m hohe Kruzifix aus rotem Sandstein im Chor, das 1467 von Nikolaus Gerhaert von Leyden geschaffen wurde. Noch bis 1963 stand es auf dem Alten Friedhof hinter der Spitalkirche. Sehenswert sind auch die Grabplatten der Markgrafen von Baden. 14 davon sind an den Chorwänden zu sehen. Sie datieren aus den Jahren 1511 bis 1771. Besonders auffällig ist das große Epitaph des Markgrafen Ludwig Wilhelm, des so genannten „Türkenlouis", aus dem Jahr 1753.

Neben der Caracalla-Therme befindet sich die älteste Kirche Baden-Badens, die **Spitalkirche**, erbaut von 1468 bis 1478. Ursprünglich war die kleine Kirche einem Spital angegliedert, das jedoch im 19. Jahrhundert geschlossen und 1960 endgültig abgerissen wurde. Auch von dem ehemaligen Friedhof und der alten Stadtmauer, die sich ursprünglich hier befanden, ist heute nichts mehr zu sehen. Im Innern lohnt vor allem das gotische Chorgestühl im Altarraum, das 1512 von dem Pforzheimer Meister Hans Kern geschaffen wurde, einen Blick. Aber auch die Kanzel, das Kruzifix und die Kirchenfenster sind sehenswert.

Nicht weit entfernt von der Stiftskirche, oberhalb davon auf dem Florentinerberg, liegt das **Neue Schloss** der Markgrafen von Baden. Im 14. Jahrhundert ließen hier die Markgrafen von Baden eine Burg erbauen, die während der Renaissance zu einem prächtigen Palast umgebaut wurde. Von 1479 bis 1705 regierten sie von dort ihre Markgrafschaft. Danach verlegte Markgraf Ludwig Wilhelm (der „Türkenlouis") die Residenz ins neu gebaute Rastatter Schloss. Zwischen 1847 und 1918 erlebte das Neue Schloss als Sommerresidenz noch einmal eine Blütezeit. Bis 2003 befand sich die Anlage im Besitz der markgräflichen Familie. Dann wurde das gesamte Schloss an eine kuwaitische Firmengruppe verkauft, die das Gebäude zu einem Luxushotel umbauen möchte. Mittlerweile sind einige Jahre ins Land gezogen und das Schloss verkommt immer mehr. Und es droht langsam, aber sicher zu zerfallen. Schade, zumal nicht nur das Schlossgebäude, sondern gleichfalls der Schlosspark viel zu bieten hätten. Allenfalls ein Blick lässt sich durchs ständig geschlossene Schlosstor darauf erhaschen.

Ob am Ende das Neue Schloss ein ähnliches Schicksal wie das alte Schloss **Hohenbaden** erleiden muss – von einer prunkvollen Residenz zur Ruine – wird sich zeigen. Hoch über Baden-Baden (erreichbar mit dem Stadtbus) befindet sich der ehemalige Sitz der Markgrafen. Von der einstigen Wehrhaftigkeit der Burg berichten der Burgfried und der Hermannsbau – benannt nach Markgraf Hermann II., der im 12. Jahrhundert den Bau der Oberburg in Auftrag gab. Später, Ende des 14. Jahrhunderts, wurde die Burganlage zunächst um die Unterburg erweitert, im 15. Jahrhundert folgte der Jakobsbau. Ein großer Brand zerstörte Ende des 16. Jahrhunderts das Schloss.

Das im 12. Jahrhundert erbaute Alte Schloss Hohenbaden thront über der Stadt.

Sportlich ambitionierte Ausflügler, vor allem Kletterfreunde, kommen am **Battert-Felsen** hinter der Burg auf ihre Kosten. Es gibt dort auch einige vom Deutschen Alpenverein angelegte und betreute Klettersteige.

Wer nicht klettern möchte, trotzdem aber luftige Höhen genießen will, findet auf dem Hausberg Baden-Badens, dem **Merkur**, die entsprechende Umgebung. Mit einer der ältesten Seilbahnen Deutschlands geht es bequem auf den 668 m hohen Merkurgipfel. Vom Leopoldsplatz aus fahren die Stadtbusse zur Talstation.

Ausflugstipps

Noch höher hinaus führt der **Luchspfad**, der erste seiner Art in Deutschland. Über 4 km windet sich der Natur- und Erlebnispfad durch das Reich des Luchses. Sogar ein Infozentrum wurde dem dann doch recht scheuen Tier gewidmet. Wer viel Glück hat, sieht vielleicht eine dieser Raubkatzen. Ausgangspunkt der Luchstour ist der Wanderparkplatz Plättig an der B 500 (Schwarzwaldhochstraße). Von Baden-Baden aus fährt der Regionalbus Linie 245 (Mummelsee) täglich mehrfach in das Höhengebiet. Aber Vorsicht: Der teilweise schmale, regelrecht über Stock und Stein führende Luchspfad erfordert einiges an Trittsicherheit.

Der 1997 angelegte **„Panoramaweg"** rund um das Oostal erstreckt sich über eine Länge von 40 km und wurde mit dem „Deutschen Wandersiegel" ausgezeichnet. Der Rundweg beginnt an der Talstation des Merkur, führt zu den Geroldsauer Wasserfällen, zum Malschbach, dem Louisefelsen und vielen weiteren Stationen, bis über das Rotenbachtal wieder der Ausgangspunkt erreicht wird. Der Wanderweg gliedert sich in fünf Etappen, die zwischen 5 und 11 km lang sind und deren Anfangs- und Endpunkte gut mit öffentlichen Verkehrsmitteln zu erreichen sind.

5 Baiersbronn – Schwarzwalderlebnis für die ganze Familie

KVV S41 oder S31 ab Ⓗ„Karlsruhe Hbf." bis Ⓗ„Baiersbronn-Bahnhof", Ⓗ„Schwarzenberg (Murg)", Ⓗ„Klosterreichenbach" oder Ⓗ„Röt". Fahrtdauer ca. 90 min.

Mehr Schwarzwald auf einer Gemeindegemarkung als in Baiersbronn gibt es nirgendwo anders in Baden-Württemberg. 20000 ha, der Großteil davon Wald, gehören zu der Gemeinde. Damit ist Baiersbronn die ausgedehnteste „Wald"-Gemeinde in Baden-Württemberg. Kaum verwunderlich, dass sich die Umgebung des Luftkurortes auf beschilderten Wanderwegen mit einer Gesamtlänge von über 550 km ausgiebig erkunden lässt. Schwarzwald pur wird vor allem in sechs **Naturschutzgebieten** geboten, darunter „Schliffkopf" und „Wilder See-Hornisgrinde". Betreut werden sie vom Naturschutzzentrum Ruhestein. Kleine Seen, dichte Wälder durchzogen von Lichtungen, eben eine Landschaft zum Genießen, um die Seele baumeln zu lassen, erwartet den Ausflügler. Übrigens: Rund um Baiersbronn gibt es auch extra Wandertouren für Rollstuhlfahrer. Tourbeschreibungen samt Karten finden sich im Internet auf der Homepage von Baiersbronn; einfach dem Link Wanderempfehlungen – Kinderwagen-/Rollstuhlgerechte Wandertouren folgen. Für Familien sind besonders die sechs **Erlebnispfade** empfehlenswert. Hier eine kleine Auswahl:

- **Erlebnispfad Köhler, Flößer, Waldgeister:** Der Pfad führt durch die Geschichte des Holztransports und der Köhlerei. Nahe der S-Bahnhaltestelle Schwarzenberg beginnt der Erlebnispfad, der zehn Stationen umfasst.

- **Von Mönchen und Lehnsbauern:** S-Bahnhaltestelle Klosterreichenbach, dann zur Klosterkirche. Wie der Name des Erlebnispfades schon sagt, stehen in seinem Verlauf die Klostergeschichte und die Einflüsse des Klosters auf die Region im Mittelpunkt. 1082 schenkte ein Adeliger dem Kloster Hirsau ein Gut im Murgtal. Kurz darauf gründete Abt Wilhelm dort das Kloster Reichenbach. Bereits 1085 wurde die erste Kirche nach dem Vorbild der St.-Aurelius-Kirche in Hirsau gebaut. Schon bald verfügte das Kloster über beträchtliche Ländereien. Entsprechend großen Einfluss hatten die Mönche nicht nur auf das geistliche, sondern auch auf das weltliche Geschehen. Auch darüber berichtet der Erlebnispfad. Nach der Säkularisierung (Anfang des 19. Jahrhunderts) verlor das Kloster an Bedeutung. Viele Gebäude wurden abgerissen, das Volk brauchte Baumaterial. Geblieben ist die sehenswerte Klosterkirche im romanischen Stil.

- **Bauern, Waldleute – einst und heute:** S-Bahnhaltestelle Röt. Der Erlebnispfad bietet einen Einblick in die Infrastruktur eines Schwarzwalddorfes. Vor gar nicht langer Zeit spielte neben der Land- und Waldwirtschaft die Eigenversorgung der Dorfbewohner eine wichtige Rolle. Jedes Dorf war auf seine Handwerker, ob nun den Wagner oder Schmied, angewiesen. Der Röter Erlebnispfad (2,5 km) nimmt sich dieses Themas an. Gleichzeitig erfährt der Ausflügler auch etwas über den Strukturwandel in den vergangenen Jahrzehnten.

Das Märchenmuseum ist eine Hommage an Wilhelm Hauff.

Und jetzt zu einem Mann, in dessen Geschichten dem Schwarzwald bisweilen eine Hauptrolle zufällt – zu Wilhelm Hauff. Ihm ist ein gleichnamiges **Märchenmuseum** neben der evangelischen Marienkirche gewidmet: In einem seiner bekanntesten Märchen, „Das kalte Herz", erzählt der jung verstorbene Schriftsteller (1802–1827) von Sagengestalten des Schwarzwaldes. Ganz auf der Höhe der Zeit erwartet den Besucher ein „interaktives Museum". Es gibt eine literarische Abteilung, eine Hörstation mit den Märchen „Der kleine Muck", „Das kalte Herz" und „Die Sage vom Hirschgulden", eine Lesezone mit einer gut sortierten Handbibliothek, die Station „Hauffs Märchen im Theater und Film" und natürlich Filme wie „Das Wirtshaus im Spessart".

6 Bretten – die Melanchthonstadt im Kraichgau

KVV S4 bis Ⓗ „Bretten Stadtmitte". Fahrtdauer ca. 30–40 min. Zum Tierpark mit der S4 bis Ⓗ „Bretten Schulzentrum", dann mit dem BUS 733 bis Ⓗ „Bretten Tierpark". Fahrtdauer ca. 50 min.

Als Ausgangspunkt der geschichtsträchtigen Reise durch die Große Kreisstadt inmitten des Kraichgaus bietet sich die Haltestelle „Stadtmitte" an. Von dort aus sind es etwa 10 min in die Altstadt. Lassen wir Bretten, sein mittelalterliches Erscheinungsbild und seine romantischen Gässchen auf uns wirken und folgen der guten Beschilderung zu den markanten Punkten der „Melanchthonstadt".

Am **historischen Marktplatz**, zwischen Fachwerkhäusern, dem alten Rathaus und dem Melanchthonhaus steht der **Marktbrunnen**. Der Ursprung des achteckigen Brunnenbeckens reicht bis in das 14. Jahrhundert zurück, die auf einer Säule ruhende Brunnenfigur ist hingegen jüngeren Datums. Sie stellt den Kurfürsten Friedrich II. von der Pfalz („Friedrich den Weisen") dar. Bei der Statue handelt es sich um eine Nachbildung – das mittlerweile restaurierte Original aus dem Jahr 1555 hat seinen Platz im Neuen Rathaus gefunden. Die Geschicke der Stadt wurden über Jahrhunderte hinweg vom

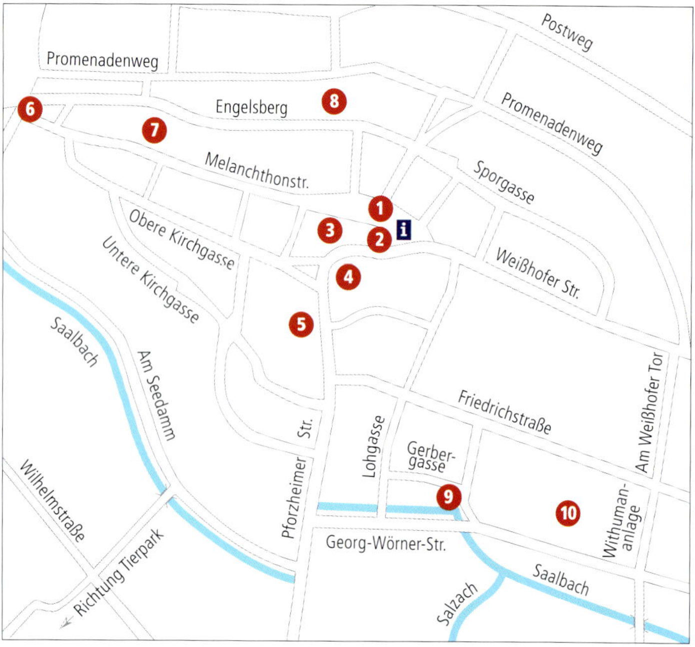

1. Historischer Marktplatz 2. Altes Rathaus 3. Melanchthonhaus 4. Heberer-Haus 5. Stiftskirche 6. Hundlesbrunnen 7. Schweizer Hof 8. Pfeiferturm 9. Gerberhaus 10. Simmelturm

Alten Rathaus aus gelenkt. 1435 zum ersten Mal – an der gleichen Stelle wie heute – errichtet, war es berühmt für seine prächtige Ausstattung mit Glasmalereien und Glasätzungen. 1689 fielen die Franzosen während des Pfälzischen Erbfolgekriegs in Bretten ein. Sie brannten fast die gesamte Stadt nieder. Daher gibt es heute in Bretten kaum ein Gebäude, das aus der Zeit vor 1689 stammt. Dafür hatte die Kraichgau-Stadt in den folgenden Jahrhunderten relativ viel Glück und blieb – auch im Zweiten Weltkrieg – von Zerstörung und Verwüstung weitgehend verschont.

Mit dem Wiederaufbau begannen die „schaffigen Brettener" unmittelbar nach dem verheerenden Brand. Viele Jahre vergingen, bis auf den Grundmauern des vormaligen Rathauses 1787 ein neues entstand. 1888 legten die Brettener abermals Hand an ihren Verwaltungssitz an. Das Ergebnis kann man heute noch sehen. An der Vorderseite des alten Rathauses erinnern Wappendarstellungen mit den entsprechenden Jahreszahlen an die wechselvolle Geschichte Brettens.

Historischer Abriss Im Lorscher Codex wird im Jahr 767 zum ersten Mal ein Breteheim, das heutige Bretten, erwähnt. Im 12. Jahrhundert wurden in Bretten eigene Münzen geprägt, und die Stadt hatte das Marktrecht. 1349 gehörte Bretten dann zur Kurpfalz und wurde im 15. Jahrhundert pfälzische Amtsstadt. Im pfälzischen Erbfolgekrieg wurde die Stadt 1689 fast vollständig zerstört. Im Jahr 1803 kam die Stadt zusammen mit der rechtsrheinischen Kurpfalz an Baden.

Philipp Melanchthon (1497–1560)

1497 erblickte der Humanist und Reformator **Philipp Melanchthon** in Bretten unter dem Namen Philipp Schwartzerd das Licht der Welt. Später – als Gelehrter – übertrug er seinen Nachnamen, wie es damals Mode war, ins Altgriechische: Melan (schwarz) Chthon (Erde). Elf Jahre lebte Melanchthon in seiner Heimatstadt. Dann kehrte er ihr den Rücken zu. Allzu oft trieb es den Theologen in den folgenden Jahren nicht mehr nach Bretten, seine Besuche ließen sich an einer Hand abzählen. 300 Jahre später erinnern sich die Brettener wieder an Melanchthon. Zum 400. Geburtstag des Gelehrten beschloss die Stadt, ihm ein Denkmal zu setzen – das **Melanchthonhaus**. Es entstand 1897 bis 1903 auf den Grundmauern seines beim Stadtbrand 1689 zerstörten Geburtshauses. Das kirchenähnliche Gebäude legt Zeugnis ab vom Protestantismus des späten 19. Jahrhunderts. Im Inneren der Gedächtnishalle sind Episoden aus Melan-

Das 1689 zerstörte Geburtshaus Philipp Melanchthons wurde 1903 in der heutigen Form wieder aufgebaut.

chthons Leben dargestellt. Beispielsweise, wie er als Junge am Marktbrunnen (wahrscheinlich) mit Reisenden diskutierte. In verschiedenen Zimmern im Obergeschoss – „Städtezimmer" oder „Humanistenzimmer" – wird auf Melanchthons Wirken, u. a.auf Aspekte seiner bedeutsamen Reform des Bildungswesens eingegangen. Neben dem Gedenkhaus hat die Melanchthon-Akademie ein neues Zuhause gefunden.

Gegenüber dem Melanchthonhaus fällt ein Ensemble aus vier Fachwerkhäusern gleich beim Marktbrunnen auf. Sie entstanden nach 1689. Genaue Auskunft über ihr Alter geben Jahreszahlen, angebracht an Eckständern, Turmbögen und Fassadenbalken. Ein kurzer Besuch lohnt sich in der ältesten Apotheke Brettens, der **Marktapotheke**. Urkundlich fand sie 1632 erstmals Erwähnung. Wenige Schritte davon entfernt befindet sich ein Gebäude neueren Datums. Vormals stand dort die **alte Posthalterei**, wo Friedrich Schiller 1782 auf seiner Flucht von Stuttgart nach Mannheim übernachtete, wie ein Schild am Haus berichtet. Kurze Zeit später wurden seine „Räuber" in Mannheim uraufgeführt. Heute befindet sich eine Bank auf dem vormaligen Grundstück der Thurn- und Taxis'schen Posthalterei.

Vom Marktplatz aus geht es nun am alten Rathaus vorbei die Pforzheimer Straße hinunter zum **Heberer-Haus** – um genau zu sein, zu dem Ort, an dem früher das Geburtshaus von Michael Heberer stand. Leider zerstörte 2007 ein Feuer das Fachwerkhaus. Es musste abgerissen werden. Geboren wurde der spätere Abenteurer zwischen 1555 und 1560. Als Reisebegleiter adeliger Herren lernte er die Welt kennen, bisweilen auf äußerst unliebsame Art und Weise. Der wackere Mann geriet in türkische Gefangenschaft. Zwei Jahre lang führte er als Galeerensklave ein alles andere als angenehmes Leben. 1610 schrieb der „kurpfälzische Robinson" seine Reiseabenteuer nieder und begründete damit die Reiseliteratur in Deutschland.

Das im Jahr 2007 abgebrannte Geburtshaus von Michael Heberer. Das Fachwerk stammte vom Anfang des 18. Jahrhunderts.

Folgen wir noch einen Moment der Pforzheimer Straße. Einige Meter nach dem Heberer-Haus führt auf der rechten Seite eine Treppe hinauf zur **Stiftskirche**, dem ältesten und bedeutendsten Gotteshaus Brettens. Der Kirchturm dürfte bereits zu Beginn des Hochmittelalters gestanden haben; zunächst als Wehrturm oder als Bergfried einer kleineren Stadtburg. Lange Zeit nutzten Katholiken und reformierte Protestanten das Gotteshaus gemeinsam. Bei dem Stadtbrand im Jahr 1689 blieben die Außenmauern weitgehend unbeschädigt, wohingegen der Turm einiges abbekam. Heute verzieren das Kirchengebäude, innen wie außen, Grabplatten von geistlichen und adeligen Herren des früheren kurpfälzischen Oberamtes Bretten.

Nahe der Stiftskirche steht das **Amtshaus**. Ein imposantes Gebäude im klassizistischen Stil. Es erinnert an die 600-jährige „Amtstradition" in Bretten; zuerst unter kurpfälzischer Regie, später als badisches Bezirksamt. Von hier geht es zurück Richtung Fußgängerzone, vorbei am 1880 erbauten **Hundlesbrunnen**.

Sagenumwobenes Wahrzeichen der Stadt: das „Brettener Hundle".

Die Sage vom Brettener Hundle Der Sage nach wurde die Stadt Bretten vor langer Zeit von einem feindlichen Heer belagert. Da der Feind die Stadt nicht einnehmen konnte, unternahm er den Versuch, die Einwohner auszuhungern, um sie so zur Kapitulation zu zwingen. Nach und nach zeigte die Belagerung Wirkung, und die Brettener mussten sich etwas einfallen lassen, um ihre Stadt zu retten. So kam es zu der Idee, den Feind zu täuschen. Ein gemästeter Hund wurde vor die Tore geschickt und somit der Eindruck erweckt, in Bretten herrsche kein Mangel an Nahrung. Die Belagerer schnitten dem Hund den Schwanz ab und schickten ihn in die Stadt zurück, um den Einwohnern auf diese Weise ein Massaker anzudrohen. Doch nach kurzer Zeit resignierten sie wegen der scheinbaren Wirkungslosigkeit der Belagerung und zogen ab. Dem Hund, der Bretten gerettet hatte, wurde anschließend ein Denkmal gesetzt.

Nur wenige Schritte davon entfernt liegt der **Schweizer Hof**. Über 35 000 freiwillige Arbeitsstunden investierten die Mitglieder der Bürgerinitiative „Brettener Heimat- und Denkmalpflege" in die Wiederherstellung des Denkmals. Heute befindet sich darin das stadt- und regionalgeschichtliche Museum Brettens. Regelmäßige Sonderausstellungen zur Geschichte Brettens und des Kraichgaus sowie zur allgemeinen Kulturgeschichte gehören zum Programm. Vom Mittelalter bis zum Brand von 1689 stand auf dem Gelände der Zehnthof des Nonnenklosters Frauenalb. Vom Brand verschont blieben die mächtigen und weitläufigen Kellergewölbe des Hofs. Sie waren einst auch Lagerstätte für den sogenannten Zehnten, den die Bauern von ihrer Ernte abgeben mussten. Der Schweizer Hof stammt aus dem Jahr 1707 und diente jahrzehntelang als Gasthof. Neben den Museumsausstellungen lohnt sich vor allem ein Blick auf die restaurierten Fachwerkkonstruktionen. Sie vermitteln ein treffliches Bild der Baukunst vergangener Jahrhunderte. Das Deutsche Schutzengelmuseum im Schweizer Hof zeigt eine große Auswahl von Schutzengel-Darstellungen aus den letzten 600 Jahren.

In geringer Entfernung zum Museum ragt zwischen modernen Gebäuden ein Turm heraus – der **Pfeiferturm**. Zu erreichen ist er zum Beispiel durch die Gasse „Am Gaisberg" am historischen Marktplatz. Im 13. Jahrhundert mussten die Arbeiter unzählige Steine zusammentragen, um den Verteidigungsturm der mittelalterlichen Stadtbefestigung zu erbauen. Der imposante Turm überdauerte Kriege und Brände. Auf Anfrage bei der Stadtinformation kann man ihn besichtigen. 2009 erhielt er 320 Jahre nach der Zerstörung beim Stadtbrand wieder sein charakteristisches Dach. Etwas abseits des Altstadtkerns liegt das **Gerberhaus** in der Gerbergasse. Es wurde 1585 erbaut und ist das älteste Wohngebäude, das auch den Brand von 1689 weitgehend schadlos überstanden hat. Das Gerberhaus lehnt sich an die alte Stadtmauer an. Über 14000 Stunden ehrenamtlicher Arbeit steckten freiwillige Helfer in den 80er Jahren in die Sanierung des Gerberhauses. Seit 1994 kann es mitsamt einer Gerber-, Schuster- und Sattlerwerkstatt besichtigt werden.

Viele Geschichten über die Söhne der Prärie werden im **Indianermuseum** erzählt. Büffelhornlöffel, Werkzeuge, Zelte, Waffen, Indianerschmuck, lebensgroße, selbst angefertigte Pferde, Büffel oder „Schaufensterpuppen" in der Tracht der Indianer bringen deutlich mehr als nur einen Hauch von Sitting Bull, Red Cloud & Co. nach Bretten. Bei den meisten Ausstellungsstücken handelt es sich um Originale, beispielsweise die Gürtelschnalle eines Offiziers der siebten Kavallerie, die unter Georg Armstrong Custer 1876 am Little Big Horn eine vernichtende Niederlage gegen die Indianer einstecken musste.

Peter-und-Paul-Fest Jedes Jahr Ende Juni/Anfang Juli verwandelt sich Bretten beim Peter-und-Paul-Fest in ein riesiges mittelalterliches Lager. Die Wurzeln des Festes reichen bis ins 15. Jahrhundert zurück. Einer der Höhepunkte des mehrtägigen Spektakels ist die „Schlacht am Simmelturm". Aus ganz Deutschland und noch von weiter her kommen kostümierte Hobby-Landsknechte, Rittersleut', Marktweiber und Musketenträger zusammen, um im Schatten des **Simmelturms** (von mhd. „sinwel" = rund, kreisförmig) die entscheidenden Stunden im Kampf gegen Ulrich von Württemberg nachzuspielen.

Wem nach all dem Waffengeklirre nun doch etwas der Sinn nach friedlicher Koexistenz steht, und das zwischen Mensch und Tier, findet das im **Tierpark Bretten**. Von der Haltestelle Bretten-Bahnhof fährt der Bus „Sprantal" zum wohl größten Streichelzoo Deutschlands (Haltestelle Tierpark). Auf einer Fläche von 6 ha leben Tiere in Freigehegen, die sich untereinander vertragen und keine Berührungsängste mit den Besuchern haben. Ausdrücklich erlaubt sind dort das Füttern und Streicheln der Berberaffen, Esel, Schafe, Kängurus, Zebras, Hirsche.

Bruchsal – barocke Eleganz

S3, S31 oder S32 ab H „Karlsruhe Hbf." bis H „Bruchsal Bahnhof". Fahrtdauer ca. 20 min.

Der Rundgang durch Bruchsal beginnt am Bahnhof und führt zunächst zum **Schloss**. Keine Frage, ein imposantes Bauwerk, das seit 1975 wieder in neuem Glanz erstrahlt. Bei Bombenangriffen im März 1945 wurde es zerstört und glich mehr einer ausgebrannten Ruine denn einem Zeugnis des Barock.

Dass die Bruchsaler überhaupt ihr Schloss bekamen, verdankten sie der „dicken Luft" in Speyer. So ganz freiwillig wollten die Bischöfe auf ihren Residenzsitz nicht verzichten. Regelmäßig kam es zum Streit zwischen der protestantischen Reichsstadt Speyer und den Fürstbischöfen, die sowohl die geistliche als auch die weltliche Macht als Landesherren innehatten. 1720 lenkte Kardinal Damian Hugo von Schönborn ein. Er verabschiedete sich vom Gedanken, die im Pfälzischen Erbfolgekrieg 1689 zerstörte Residenz zu Speyer wieder aufbauen zu lassen. Ohne Residenz ging es aber auch nicht. Bruchsal bot sich als neuer Regentschaftssitz geradezu an.

1722 ging es mit der Grundsteinlegung los. Dass der Kardinal etwas vom Bauen verstand, belegen unter anderem seine Anweisungen in Sachen Brandschutz. Das spätere Schloss besteht aus etwa 50 „Einzelteilen". Sollte tatsächlich einmal ein Brand ausbrechen, durfte er nicht gleich auf das gesamte Schloss übergreifen – deswegen das Baukastenprinzip. Bedeutende Architekten setzten Schönborns Ideen um; darunter Maximilian von Welsch, Anselm Ritter zu Groenesteyn, Michael Ludwig Rohrer oder Balthasar Neumann, der das berühmte Treppenhaus im Schloss schuf. Viele Jahre dauerte der Bau. Die Vollendung erlebte Damian Hugo von Schönborn nicht

Das Bruchsaler Barockschloss von der Gartenseite: ein imposantes Beispiel absolutistischer Architektur.

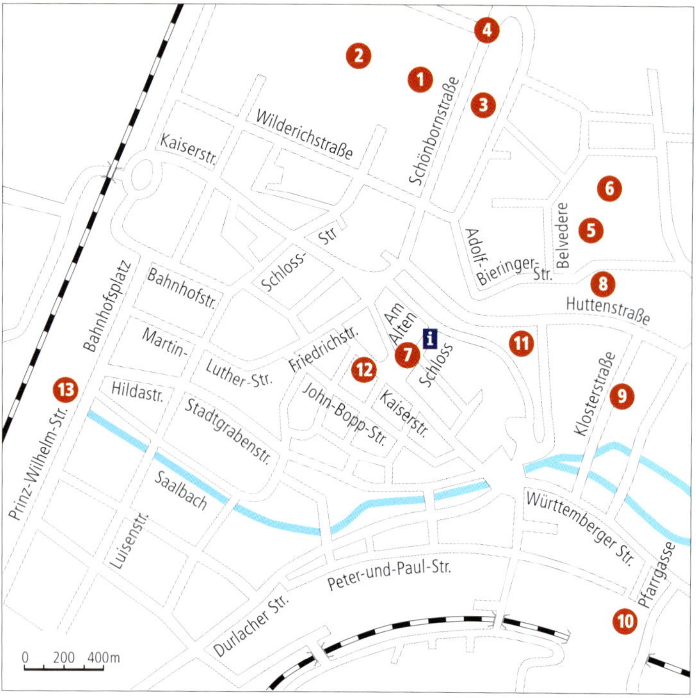

1. Schloss 2. Schlosspark 3. Amalienbrunnen 4. Damianstor 5. Belvedere 6. Stadtgarten/Ferdinand-Keller-Brunnen 7. Bergfried 8. Andreasstaffel 9. Klosterstraße 10. St. Peter Kirche/Bergfriedhof 11. Bürgerpark 12. Stadtkirche „Unsere Liebe Frau" 13. Bahnhof

mehr. Später, nach der Säkularisation, wurde das Schloss ein Treffpunkt des Hochadels aus ganz Europa. Markgräfin Amalie, die 1806 ihren Witwensitz nach Bruchsal verlegte, war eine clevere Heiratsvermittlerin. Fünf ihrer sechs Töchter brachte sie in bedeutenden Herrschaftshäusern unter. Seither trug sie den Beinamen „Schwiegermutter Europas".

Doch nun zum **Schlossgebäude** selbst: In der Mitte des Schlosses befindet sich der sogenannte Corps de Logis, das Hauptgebäude. Sein Mittelpunkt ist gleichzeitig die für die damalige Bauweise typische imaginäre Spiegelachse. Rechts fällt der Blick auf den Kammerflügel, links auf den Kirchenflügel. Eigentlich müsste da ein Kirchturm stehen. Um jedoch die Symmetrie des gesamten Baus nicht zu stören, wurde der Turm versetzt. Er ragt hinter dem Kirchenflügel hervor.

Und nun geht es wirklich ins Schloss. Das kuppelgewölbte **Treppenhaus**, das Balthasar Neumann dort hinstellte, ist ein absoluter Blickfang. Keinesfalls gerecht wird hier die Bezeichnung „Treppenhaus", vielmehr müsste man von „Treppenpalast" sprechen. Die seitlich aufsteigenden Ovale der Haupttreppen umschließen die zentrale **Grotte**. Trotz der relativ spärlichen natürlichen Beleuchtung kommt die Ausgestaltung der Grotte zur Geltung und gibt den Blick frei auf eine fast schon grotesk-chaotische Welt. Leider nagten Feuchtigkeit und Frost an den Fresken von Giovanni Francesco Marchini. Im

Original erhalten sind die Wandfresken links und rechts unter der Treppe. Apropos Original: Damit keine Missverständnisse aufkommen – das Bruchsaler Schloss ist eine Rekonstruktion. Immerhin eine, die dem Original sehr nahe kommt. Zur Erinnerung: 1945 hagelten auch auf das Schloss Bomben. Wenige Jahre zuvor ließen die Nationalsozialisten das Baudenkmal fotografieren, fast jeder Zentimeter des Schlosses wurde abgelichtet. Beim Wiederaufbau, innen wie außen, spielten die Fotografien eine bedeutende Rolle.

Bevor es nun in die Beletage geht, wartet noch der **Gartensaal** auf eine Besichtigung. Er schließt sich unmittelbar an die Grotte an und dient als Verbindung zur Schlossterrasse und zum Schlossgarten. Deutlich schwieriger als bei den Deckenfresken in der Beletage, gestaltete sich die Wiederherstellung der Fresken im Erdgeschoss. Irgendjemand glaubte immer, an den Fresken herumpfuschen zu müssen. Militärs ließen sie sogar weiß überstreichen, als das Erdgeschoss samt Gartensaal zu einem Lazarett umfunktioniert wurde.

Nun geht es endlich hinauf zu den Prunksälen, dem Herzen des Bruchsaler Schlosses – zum Marmorsaal, zum Kuppelsaal und zum Fürstensaal. Vorahnungen, wie es dort aussehen könnte, dürfte der eine oder andere schon beim Anblick des Treppenhauses gehabt haben. Die „Ahnungen" freilich können getrost beiseite geschoben werden, besonders beim Eintritt in den **Marmorsaal** (liegt auf der Schlossgartenseite). Die Marmorplatten des Fußbodens, die massiven bläulich-roten Marmor-Sockelzonen und die zierlichen Kamine geben dem Marmorsaal seinen Namen. Innen liegende Fenster – Richtung Kuppelsaal –, vergoldete Schnitzereien und Stuckarbeiten fördern den überwältigenden Gesamteindruck, der sich dem Betrachter bietet. Und erst die Deckenfresken. Am Besten wäre es, sich auf den Boden zu legen und die Malereien von Johannes Zick in Ruhe anzuschauen. Sie entstanden in den Jahren 1751 bis 1754. Die Fresken wurden nach der Zerstörung von Prof. Wolfram Köberl hervorragend restauriert.

Weiter geht es – erhobenen Hauptes – in den **Kuppelsaal**. Die Deckenfresken berichten hier von der Bruchsaler Geschichte. Ein Kapitel ist dem Bauernkrieg gewidmet; ein weiteres der „Bruchsalia": Die Frau mit dem tiefen Dekolleté verkörpert Bruchsal. Das Bild bezieht sich auf das Jahr 1056, als Heinrich III. dem Speyerer Bischof Konrad I. Bruchsal schenkte. Insgesamt eröffnet sich durch die gekonnte Einbindung von Säulen und Übergängen in das Deckenfresko dem Betrachter eine dreidimensionale Freskenwelt.

Historischer Abriss Über 1000 Jahre Geschichte prägen die Stadt – vom „Herrenhof im Sumpf", wie die erste urkundliche Erwähnung von „Bruohsella" im Jahre 976 berichtet, über die jahrhundertelange Herrschaft des Hochstifts Speyer bis hin zum heutigen modernen Bruchsal. Und die Stadt war Schauplatz einiger bemerkenswerter historischer Ereignisse. 996 unterschrieb Kaiser Otto III. dort eine Urkunde, in der zum ersten Mal der Begriff „ostarrichi" (Österreich) auftauchte. 1056 schenkte Heinrich III. seine Besitzungen im Bruhrain, samt Bruchsaler Königshof, dem Speyerer Bischof Konrad I. Bis zum Jahr 1803 (Säkularisierung) gehörte Bruchsal nun zum Hochstift Speyer. Danach übernahmen es die badischen Markgrafen. Bruchsal verlor seine Stellung als Residenzstadt.

Der **Fürstensaal** ist klar gegliedert und deutlich dezenter gehalten als der Marmorsaal. Dafür sorgen sparsam verzierte Fenster mit darüber liegenden Ochsenaugen und raumhohe grau-rote Alabaster-Lisenen – vorstehende senkrechte Mauerstreifen, verbunden durch Blendbogen, aber ohne Basis und Kapitell. Prunk und Glanz sollen zwar vermittelt werden, aber gleichzeitig nicht zu stark von den Bildnissen der Fürstbischöfe ablenken.

Das Bruchsaler Schloss ist eine Zweigstelle des Badischen Landesmuseums mit regelmäßigen Ausstellungen. Es beherbergt zudem das **Städtische Museum** mit sehenswerten Exponaten und eine Dauerausstellung über die Zerstörung sowie den Wiederaufbau des Schlosses. Und nicht zu vergessen das **Deutsche Musikautomaten-Museum**, wirklich sehens- und besonders hörenswert. Viele Automaten lassen sich abspielen.

Und jetzt an die frische Luft, die Ohren durchblasen lassen. Wer Lust hat, ein bisschen lustzuwandeln und noch einmal die Fassade des Schlosses zu genießen, ist im **Schlosspark** genau richtig.

Bevor auf dem weiteren Rundgang Bruchsal erkundet wird, lohnt sich noch ein Blick auf den Schlossvorplatz und die umliegenden Verwaltungsgebäude. Diese Funktion – zu verwalten – haben sie heute wie damals. Vor dem heutigen Amtsgericht, der ehemaligen fürstbischöflichen Kanzlei, befindet sich ein Brunnen. Der Volksmund nennt ihn einfach „Schneckenbrunnen". Eigentlich trägt er den Namen **Amalienbrunnen**. Er erinnert an die letzte

Geben dem Volksmund den Namen vor: der „Schneckenbrunnen".

Bewohnerin, an Markgräfin Amalie von Baden, die in Bruchsal ihren Witwensitz aufschlug. 1912 entwarf Fritz Hirsch den Brunnen. Zwei ovale Medaillons zieren die Brunnensäule. Das eine zeigt ein Brustbild der Markgräfin, das andere badische und hessische Wappen, in Erinnerung an die Herkunft der hessisch-darmstädtischen Prinzessin.

Zwischen Historismus und Jugendstil: der 1912 entworfene Amalienbrunnen.

Zwischen Amalienbrunnen und Schloss führt eine Straße, die B 3, durch die Schlossanlage. Die Fahrzeuge durchfahren dabei ein Tor (mit Blick auf das Schloss rechts vom Brunnen). Auf Anweisung von Fürstbischof Damian Hugo von Schönborn wurde es 1724/25 gebaut: das **Damianstor**. Zahlen indes mussten es die Bruchsaler; da es sich nach Schönborns Ansicht um ein Stadttor handelte, fiel der Bau in die Zuständigkeit der Stadt. Heute werden die über dem Torbogen liegenden Teile des Gebäudes vom Kunstverein „Das Damianstor" als Ausstellungsräume genutzt.

Das Schloss im Rücken steht nun ein kleiner Anstieg bevor: rechts vorbei am Amalienbrunnen, die Stufen hinauf und dann die Reserveallee geradeaus weiter. Der Weg führt entlang an großen Bürgerhäusern hinauf zum **Stadtgarten**. 1901 wird das etwa 3 ha große Gelände im Besitz der Stadt zum Erholungspark. Ein Park mit einem beachtlichen alten Baumbestand; darunter die gelb blühende Rosskastanie, die seltene japanische Zelkove oder Ginkgos aus China. Mitten im Stadtgarten steht der **Ferdinand-Keller-Brunnen**. Die aufwändig gestaltete Brunnenanlage erinnert an Ferdinand Keller (1839–1906), ein Bruchsaler Original. Jahrelang leitete er das Restaurant am Bahnhof. Mit einigen anderen Bürgern rief er in Bruchsal wieder den Brauch des Sommertagszuges ins Leben. Bis heute, meinen viele Bruchsaler, seine größte Tat. Beim Sommertagszug treffen sich Kinder und Jugendliche in der Stadt zu einem Umzug, um den Winter zu vertreiben.

1756 entstand im Stadtgarten das **Belvedere**. Abgeleitet aus dem Italienischen bedeutet „Belvedere" so viel wie „schöne Aussicht". Der kleine, aber feine Sommersitz diente Fürstbischof von Hutten als Schießstand. Geschossen wurde nicht etwa in dem langen Mittelgebäude, das die beiden Türme des Belvederes verbindet, sondern geradewegs ins Freie – zum Beispiel auf Vogelattrappen. Derweil sich die Herren der Schöpfung um Treffsicherheit bemühten, lustwandelten die holden Damen im Belvedere und genossen die

Das Belvedere diente dem Fürstbischof als Schießstand.

Aussicht auf Bruchsal. Noch ein Wort zu den beiden Aussichtsplattformen des Belvederes. Überspannt werden sie jeweils von einem Baldachin, einem Dach im chinesischen Stil. Für die damalige Zeit nichts Außergewöhnliches, chinesische Kunst war „in".

Ob an diese Zeiterscheinung allerdings die Bruchsaler Bürger des 18. Jahrhunderts einen Gedanken verschwendeten, darf getrost bezweifelt werden. Das feuchtfröhliche Treiben im Belvedere blieb ihnen ohnehin verschlossen. Links ragt die Kirche St. Peter in den Himmel, und rechts türmt sich der **Bergfried** vor dem Betrachter auf. Jetzt heißt es erst einmal, Treppen hinunter steigen, die Stufen der **Andreasstaffel**. In etwas vereinfachter Form – im Vergleich zum gegenwärtigen Ausbau der Staffel – ließ sie der Bruchsaler Bäckermeister Andreas Rössler 1867 anlegen. Aus gutem Grund: auf dem Steinberg besaß der Mann einen Weinberg. Ein von Rössler gleich mit erbautes „Wengertheisl" erinnert ungefähr an das Gebiet, wo früher der Weinberg gelegen haben muss.

Langsam geht es nun bergab. Wirklich langsam, denn von der Andreasstaffel aus tut sich vor dem Betrachter der eher ländlich geprägte Teil Bruchsals auf – ein wenig Hinterhofatmosphäre, ein wenig Dorfidyll in einer Großen Kreisstadt. Ähnliche Impressionen erwarten den Ausflügler in der **Klosterstraße**. Die Straße und ihre Häuser blieben von den Bombenangriffen 1945 verschont.

Frömmigkeit, Glaube, aber ebenso Baugeschichte stehen bei der nächsten Station im Mittelpunkt. **St. Peter** ist für die Bruchsaler eine ganz besondere Kirche. Nicht nur, dass sie den schweren Bombenangriff vom März 1945 weitgehend unbeschadet überstand, zudem trägt sie die deutliche Handschrift ihres Erbauers, Balthasar Neumann. In seiner heutigen Gestalt und Form zählt das Gotteshaus immerhin ca. 250 Jahre. Christliche Vorgängerbauten, an gleicher Stelle, reichen bis ins Jahr 1278 zurück. Knapp ein halbes Jahrhundert später fällt die Kirche einer kriegerischen Auseinandersetzung zwischen Ludwig IV. dem Bayern und Friedrich von Österreich zum

Opfer. Auch die „Nachfolgekirche" litt unter dem Krieg. Diesmal waren es die Franzosen, die 1689 die Kirche stark beschädigten. 1742 erfolgte ein Wiederaufbau.

Imposant sind die Abmessungen der Peterskirche: Langhaus und Querhaus sind jeweils 40 m lang; der 16 m hohe Innenraum wird von Tonnengewölben überdeckt; die Kuppel in der Mitte ist stattliche 22 m hoch; und nicht zu vergessen die beiden Türme der Peterskirche mit einer Höhe von 58 m. Sie beherbergen eines der ältesten noch erhaltenen Barockgeläute im nordbadischen Raum. Besonders interessant ist die Architektur der Kirche, in Form eines gleicharmigen (griechischen) Kreuzes.

Ruhig und besinnlich geht es auch auf dem bei St. Peter gelegenen **Bergfriedhof** zu. Die Gräber im Schatten zahlreicher alter Bäume mit gewaltigen Kronen erzählen viel über die Bruchsaler Geschichte. Beispielsweise der Gedenkstein an die Gefallenen der 1848er Revolution, wie den standrechtlich erschossenen Peter Lacher.

Innerlich ausgeruht, führt die kleine Reise durch Bruchsal am Saalbach weiter. Idylle pur. Ein Spaziergang auf den kleinen Wegen entlang des Saalbachs lohnt sich allemal. Der **Bürgerpark** liegt sehr zentral und lädt mitten in der Hektik der Stadt doch zum Verweilen ein. Auffallend sind die drei Denkmäler im Bürgerpark. Ein Denkmal erinnert an die Städtepartnerschaften Bruchsals, die beiden anderen an die Schrecken des Krieges. In den Jahren 1944/45 fielen 55 Menschen – sogenannte „Volksschädlinge" – der Nazi-Diktatur zum Opfer. Sie wurden enthauptet.

Über dem Bürgerpark thront ein gewaltiger Turm – der Bergfried. 1358 ließ ihn Bischof Gerhard von Ehrenberg erbauen. Ein unübersehbares Trutzschild aus Stein. Wer will, kann den Turm besteigen. Den Schlüssel gibt's beim benachbarten Touristcenter. Vom vormaligen Schloss an dieser Stelle rund um den Bergfried ist nichts mehr zu sehen. Dafür, wenn man so will, ein modernes Schloss für die Bürger – das Bürgerzentrum. Etwa an dem Ort, wo früher die geistlichen Herrscher das Sagen hatten.

Das Bürgerzentrum und die Innenstadt mit Fußgängerzone bilden eine Einheit. Zum Abschluss – bevor die einladenden Cafés in der Innenstadt zu sehr locken – verdient noch die Bruchsaler **Stadtkirche „Unsere Liebe Frau"** ein paar Zeilen. 1268 wurde das Gotteshaus erstmals urkundlich erwähnt. Der Bau am Chor begann 1447. Davon künden bis heute sichtbare Inschriften an der äußeren Chormauer. Zu höheren Ehren gelangte die Kirche 1590, als sie Fürstbischof Eberhard von Dienheim zur Pfarrkirche erhob. Die Auswirkungen nachfolgender Kriege bekam auch diese Kirche zu spüren. 1880/81 wurde sie grundlegend erneuert. Spartanisch präsentiert sich heutzutage der Kircheninnenraum. Erwähnenswert ist das große Kreuz im Chorraum. Philologisch gesehen weist es eine Besonderheit auf mit einer Inschrift in drei Sprachen – Lateinisch, Griechisch und Aramäisch. Letztere Sprache war bekanntlich die Muttersprache von Jesus Christus. Beachtung sollte ebenfalls eine Madonnenstatue finden. Es handelt sich um ein Original aus dem 15. Jahrhundert.

Ausflugstipps

Die **Schönborn-Route** – mit dem Fahrrad von Speyer nach Bruchsal (ca. 40 km): Die Route führt Sie von Speyer aus über den Rhein nach Oberhausen-Rheinhausen und weiter nach Waghäusel. Die Ortschaften hinter sich lassend, geht es durch die Lußhardt Richtung Forst und Bruchsal. Die historischen Sehenswürdigkeiten unterwegs lassen die Tour zu einem abwechslungsreichen Ausflug werden. Eine ausführliche Radwanderkarte erhalten Sie in der Touristinformation Bruchsal.

4 km südlich von Bruchsal liegt der **Michaelsberg** bei Untergrombach. Mit der S-Bahn erreichen Sie vom Bahnhof Bruchsal aus nach 5 Fahrminuten die Haltestelle Untergrombach. Bei klarem Wetter mit guter Fernsicht bietet sich von hier aus, am Rande des Kraichgaus, ein fantastisches Panorama über die gesamte Rheinebene zum Pfälzer Wald, Schwarzwald und Odenwald. Bereits in der Jungsteinzeit war dieser Platz besiedelt, wie Funde belegen, die heute in der Michaelsklause ausgestellt sind. Die Michelsberger Kultur ist nach diesem Fundort benannt. Oben, auf dem 272 m hohen Berg, thront eine **Barockkapelle**, in der auch gerne geheiratet wird.

Bühl – Zwetschgenstadt zwischen Rhein und Schwarzwald

S4 oder R4 ab Ⓗ „Karlsruhe Hbf." bis Ⓗ „Bühl (Baden)". Zur Burg Windeck ab Ⓗ „Bühl (Baden)" mit dem BUS **271** bis Ⓗ „Burg Windeck". Haltewunsch bitte beim Fahrer anmelden. Fahrtdauer ca. 40–60 min.

Der Schwarzwald ist greifbar nahe. Seine tannenbewaldeten Hänge ragen fast nach Bühl hinein. Richtung Frankreich wiederum tut sich die Rheinebene vor dem Betrachter auf. Und dazwischen liegt die Stadt. Ab 2005 kann der Ausflügler Bühl über eine ausgeschilderte historische Route erkunden. Ansonsten bietet sich auch eine Stadtführung an. Auf Wunsch werden die Gruppen sogar an der S-Bahnhaltestelle Bühl abgeholt.

Der Brunnen im Hänferdorf erinnert an die Bedeutung des Hanfhandels für die Stadt.

Beginnen wir den Rundgang im **Hänferdorf**. Bis ins 19. Jahrhundert hinein prägte der Hanfhandel die Wirtschaft in Bühl. Mitten durch das spätmittelalterliche Gewerbegebiet führte ein Kanal. Sein Wasser trieb die Hanfplaueln. Vom Kanal selbst ist in dem heutigen Wohngebiet nichts mehr zu sehen. An diese frühere Zeit erinnert der Hänferbrunnen, der auf Initiative und unter tatkräftiger Mitwirkung der Anwohner gebaut wurde. Wie es im Hänferdorf zu seiner Blütezeit aussah, sieht man vor allem am Gebäude Mühlenstraße 17 – das dortige Haus war früher tatsächlich das Wohnhaus einer Mahlmühle. Es ist das zweitälteste Gebäude in der Kernstadt von Bühl: 1432 wurde es erstmals urkundlich erwähnt.

Historischer Abriss 1148/49 wurde Bühl erstmals als „Buhel", was so viel wie „Hügel" bedeutet, urkundlich genannt. Davon zeugt heute noch das Bühler Stadtwappen, auf dem drei gelbe Hügel auf blauem Untergrund dargestellt sind.
Die erste schriftliche Erwähnung der Ritter von Windeck, der Lehensherren des damaligen Bühls, datiert aus dem Jahr 1212. Im Jahre 1386 verkauften sie ihren nördlich der Bühlot gelegenen Teil an Markgraf Rudolf VII. Die Trennung endete erst, als Markgraf Ludwig Wilhelm das Lehen 1686 erhielt und beide Teile unter badischer Herrschaft wieder vereinigte. 1689 fiel das wieder vereinigte Bühl der Brandschatzung der Franzosen im Pfälzischen Erbfolgekrieg zum Opfer. 1835 erhielt Bühl das Stadtrecht. Wenige Monate, nachdem sich die Einwohner Bühls an der Revolution 1848/49 beteiligten, marschierten preußische Truppen in der Stadt ein.
Für das Jahr 1582 ist erstmals die Anwesenheit von Juden schriftlich überliefert. Im Laufe der folgenden 350 Jahre ging daraus eine blühende jüdische Gemeinde hervor, die 1940 durch die Nationalsozialisten ausgelöscht wurde.

Keinesfalls versäumen sollte man es, die zahlreichen kleinen Gässchen in Bühl zu erkunden. Sie sind auf jeden Fall sehenswert. Weiter geht's in Richtung **Johannesplatz**, dem Herzen von Bühl. Den Platz säumen Cafés. Wer die Stadt von ihrer „pulsierenden Seite" kennenlernen möchte, ist dort richtig, besonders in lauen Sommernächten.

Die Brücke über die Bühlot verband einst zwei Herrschaftsgebiete.

Am Johannesplatz erinnert ein Gedenkstein an die jüdischen Bürger der Stadt. Der Stein steht nahe der ehemaligen, 1823 erbauten **Synagoge**. 1938 wurde sie von Nationalsozialisten geplündert und in Brand gesteckt. Allerdings nicht in der Pogromnacht, sondern am Morgen danach. Zufälligerweise nahm ein Amateurfilmer das Ganze auf. 1999 tauchte der Film auf und sorgte weltweit für Interesse.

An der Bühlot entlang führt der Weg zur nächsten Station, zur **Bühlotbrücke** und zum „Badischen Hof". Die Bühlot war einst die Grenze zwischen dem Herrschaftsgebiet der Markgrafen von Baden und der Herren von Windeck. Wo heute das Hotel steht, bauten die Windecks einen Schlosshof. Im 16. Jahrhundert verließen sie ihre angestammte Höhenburg, die Burg Windeck.

Burg Windeck Wer gut zu Fuß ist, erreicht die von der Innenstadt etwa 3 km entfernte Burg über einen Wanderweg Richtung Süden entlang der Weinberge und Streuobstwiesen rund um Bühl. Der Fußmarsch muss aber nicht sein: vom Bahnhof fährt ein Bus direkt auf Windeck (Haltestelle Burg Windeck). Von der Burgterrasse oder aus dem Inneren des Restaurants lohnt sich die herrliche Aussicht auf die Rheinebene bis nach Straßburg, zu den Vogesen, hinüber nach Karlsruhe oder in die Ortenau. Hier warten über 100 Stufen auf den Ausflügler, um den Burgturm zu erklimmen: empfehlenswert!
Um 1200 wurde die Burg Windeck erbaut. Einst bestand sie aus einer oberen Burg, die Wohngebäude und Bergfriede umfasste, und einer unteren Burg, in der sich die Ökonomiegebäude befanden. Von den kleineren Bergfrieden aus wurde das Vorfeld und die Eingangstore bewacht. Keinem Feind der Windecks gelang es, das steinerne Bollwerk einzunehmen. Im 14. Jahrhundert brannte die Burg ab und wurde wieder aufgebaut.
Nach dem Umzug der Windecker in den Schlosshof in Bühl im 16. Jahrhundert wurde die Burg als Steinbruch genutzt. 1720 ging die Burgruine an die Markgrafen von Baden, 1803 an den badischen Staat über. Heute ist dort ein Burghotel untergebracht.

Wenngleich längst ausgestorben, wirken die Windecker bis in die Gegenwart. 1403 erhielt Ritter Reinhard von Windeck das Marktrecht für Bühl. Die Stadt wurde zu einem überregionalen Marktort. Der traditionelle **Montags-**

Die Burg Windeck lässt sich für Trainierte auch mit dem Fahrrad erreichen.

markt hat seinen Ursprung im Mittelalter, als Reinhard von Windeck den Markttag für eben jenen Tag erhielt. In unmittelbarer Nähe des Marktes befindet sich das Rathaus – oder besser eines der Rathäuser, denn in Bühl gibt es insgesamt sechs Rathäuser. Vor dem Verwaltungsgebäude steht ein **römischer Meilenstein**. Zur Römerzeit lag Bühl an einer bedeutenden Heeres- und Handelsstraße. Die Inschrift des Meilensteins zeigt die Entfernung und Richtung zu der nächsten großen römischen Garnisonsstadt – Mainz – an. Der Stein ist eine Nachbildung. Das Original aus dem Jahre 100 n. Chr. ist im Badischen Landesmuseum Karlsruhe ausgestellt.

Und nun ein Blick auf das Rathaus, dessen Erscheinung von einem Turm geprägt ist. Dabei handelt es sich um den **Glockenturm** einer spätgotischen Kirche, die in den Jahren 1514–1524 erbaut wurde. Mehrfach vergrößert kam das endgültige Aus für die Kirche im 19. Jahrhundert. Sie war zu klein. Die Stadtverwaltung wandelte die Kirche zum Rathaus um, ließ aber den Kirchturm stehen. Immerhin blieb durch diesen Entschluss ein architektonisches Zeugnis erhalten. Im Turmeingang sieht man noch das gotische Netzgewölbe und die spätgotische Fensterrose.

In der Nachbarschaft zum nun neuen Rathaus begann 1872 der Bau der **St.-Peter-und-Paul-Kirche** – ein dreischiffiger Bau im neugotischen Stil. Das Hauptschiff wird getragen von vier mächtigen Pfeilern sowie auf beiden Seiten von je drei Rundsäulen. Im Chor, der die Form eines halben Achtecks hat, befinden sich fünf hohe Spitzbogenfenster. Der Kirchenturm des Gebäudes hat eine Höhe von 63 m. Alle Kirchenfenster wurden in den 1950er Jahren von dem Münchner Professor Albert Burkhart neu gestaltet.

Gleich zwischen der Kirche und dem Rathausgebäude befindet sich der **Narrenbrunnen**. Zu den Füßen der Brunnenfigur – des Narrendaddels – liegt das Narrenbuch. Und in greifbarer Nähe die **Lichtputzschere**, mit der früher Dochte nachgeschnitten wurden. Ein kürzerer Docht bringt erfahrungsgemäß mehr Kerzenlicht.

Von allerlei Narreteien können sich die Bühler in ihrem **Stadtgarten** (Eingang hinter der Kirche) erholen. 1905 wurde er, zusammen mit einem Denkmal zu Ehren von Großherzog Friedrich I., der sich bei der Bevölkerung großer Beliebtheit erfreute, angelegt.

Und jetzt wartet auf dem Rückweg mit dem Bus noch ein besonderes barockes Kleinod auf den Besucher – die **Kirche St. Maria** im Ortsteil Kappelwindeck. Der Bus hält nahe der Kirche (Haltestelle Kappelwindeck Kirchplatz). Bereits im 12. Jahrhundert soll dort eine Kapelle gewesen sein. Im Laufe der Jahrhunderte wurde aus der Kapelle durch Umbauten eine größere Kirche. 1763 fiel der Entschluss, die in die Jahre gekommene Kirche ganz abzureißen und mit dem Bau einer neuen barocken Kirche zu beginnen. 1765 konnte die Barockkirche ihrer Bestimmung übergeben werden.

Die **Bühler Zwetschgen** sind weit über die Grenzen Badens hinaus bekannt. Um 1840 wurde die Frucht durch Zufall hier entdeckt. Bereits 1884 gelang es dem Obsthändler Josef Leppert, einen mit 100 Zentnern Zwetschgen beladenen Eisenbahnwagen von Bühl nach Köln zu schicken. Mit der „Bühler Frühzwetschge" wurde ein wichtiger Grundstein für die Entstehung des Erwerbsobstbaus in Baden gelegt.

Bühlertal – von Felsen und Wasserfällen 9

KVV S4 oder R4 ab Ⓗ „Karlsruhe Hbf." bis Ⓗ „Bühl (Baden)", dann mit dem BUS 263 oder 264 bis Ⓗ „Laube", Ⓗ „Eichwaldstraße" oder Ⓗ „Gertelbachstraße". Fahrtdauer ca. 90 min.

Das lang gezogene Bühlertal erstreckt sich vom Fuße der Rheinebene bis in den Bereich um die Schwarzwaldhochstraße und damit in Höhen zwischen 200 und mehr als 1000 m.

Ausgangspunkt für die Bühlertaler Entdeckungsreise ist der Bahnhof Bühl. Von hier fahren regelmäßig Busse nach Bühlertal, zur Schwarzwaldhochstraße mit Umsteigemöglichkeit Richtung Bühlerhöhe/Plättig oder Mummelsee und weiter Richtung Forbach im Murgtal.

Einen Einblick in die Geschichte von Bühlertal bietet das Museum **Geiserschmiede** im Ortsteil Untertal, von der Bushaltestelle Bosch die Hauptstraße aufwärts in wenigen Minuten zu erreichen. Sie gilt als ein Denkmal der Handwerkstradition in Bühlertal. Gut 300 Jahre stand dort eine Mahlmühle. 1891 wurde die Mühle zur Hammerschmiede umgebaut. Heute beherbergt das idyllisch gelegene Gebäude – sehenswert ist besonders die Rückfront – ein Museum. Neben der original eingerichteten und voll funktionstüchtigen Schmiede widmet sich die anschauliche und interaktive Ausstellung der Geschichte von Bühlertal und dabei insbesondere den alten Handwerksberufen.

Der Kurpark und das Haus des Gastes bilden den Mittelpunkt der Gemeinde. Hier findet der Besucher Ruhe und Entspannung beim Blick auf den **„Engelsfelsen"**, der mit 75 % Steigung steilsten Weinlage Deutschlands. Hier beginnen auch einige Bühlertaler Rundwanderwege, Panoramawege mit herrlichen Aussichten.

Bevor jedoch die Wanderstiefel fester geschnürt werden, lohnt sich ein kleiner Abstecher zur **Liebfrauenkirche**, Haltestelle Eichwaldstraße, rechts den Berg hinauf. Besondere Beachtung verdient das Baujahr des Gotteshauses: 1936. Damit zählt die Liebfrauenkirche zu den wenigen Kirchen, die zwischen den Jahren 1933 und 1945 in Deutschland erbaut wurden.

Nun heißt es aber wieder wandern. Zu den schönsten und spannendsten Rundwanderwegen der Region zählt der Weg zu den **Gertelbach-Wasserfällen**; Bushaltstelle Gertelbachstraße, dann der Beschilderung folgen. Ab dem Haus Gertelbach beginnt der eigentliche Wanderweg. Von da aus folgt der Pfad dem Wasserlauf hoch durch die Gertelbachschlucht. Ein imposanter Anblick bietet sich dem Ausflügler bei der Gertelbach-Hütte. Über mehrere Kaskaden stürzt das Wasser über 70 m in die Tiefe.

Eine weitere Station des Rundweges ist die **Kohlbergwiese** – mit Waldgasthaus und einem tollen Abenteuerspielplatz.

10 Durmersheim – Ort für Geist und Körper

KVV S4 bis Ⓗ „Durmersheim" oder Ⓗ „Durmersheim Nord". Fahrtdauer ca. 20 min.

Durch Durmersheim marschierten bereits die Römer und zwar auf einer militärisch gesehen wichtigen Route. Jahrhunderte später folgen den Legionären Wallfahrer. Sie zieht es zunächst zur „Kleinen Kapelle an der Wegkreuzung".

Etwa Mitte des 13. Jahrhunderts ließen Markgraf Rudolf I. und seine Gemahlin Kunigunde von Eberstein eine neue Kirche bauen – Maria Bickesheim. Schnell wurde das Gotteshaus zu der wichtigsten **Wallfahrtskirche** in der Markgrafschaft Baden. Der Weg dorthin: Haltestelle Durmersheim-Nord, durch die Triftstraße Richtung Ortsmitte. Die Wallfahrtskirche wird von Redemptoristenpatres betreut. Ihr Kloster Bickesheim liegt hinter der Kirche. Der Orden der Redemptoristen wurde 1732 durch Alfons von Liguori gegründet. Die Ordensbrüder hatten es sich zur Aufgabe gemacht, den Armen im verlassenen Bergland das Evangelium zu predigen. Eine besondere Atmosphäre verbreitet die Kirche in der Advents- und Weihnachtszeit.

Der jüngeren Durmersheimer Geschichte widmet sich das **Heimatmuseum**; Haltestelle Durmersheim (Bahnhof), Richtung Ortsmitte zum alten Ortskern. Sammlungen geben Einblicke in die Lebens- und Wohnverhältnisse auf der Hardt in vergangenen Zeiten; darunter eine rekonstruierte Wohnungseinrichtung aus dem 19. Jahrhundert.

Wie wäre es mit einem Ausflug ins **Spiel- und Spaßbad** von Durmersheim (Haltestelle Durmersheim-Nord, Richtung Ortsmitte und Campingplatz)? Oder alternativ mit einer Wanderung durch den Hardtwald? Ausgangspunkt eines etwa 5 km langen Waldlehrpfades ist die **Bäretriewer-Grillhütte**; Haltestelle Durmersheim (Bahnhof), vom Ortskern auf der Ettlinger Straße Richtung Bruchhausen. Die schön gelegene Grillhütte kann übrigens gebucht werden. Nähere Informationen dazu gibt es bei der Gemeindeverwaltung. Wer anschließend all die guten, aber fetten Grillwürste wieder abarbeiten möchte, sollte sich an den 3,6 km langen Waldsportpfad wagen. Er beginnt ebenfalls nahe der Grillhütte.

Wer es ganz besonders eilig hat, kann sich sogar mit dreifacher Lichtgeschwindigkeit durch das Sonnensystem bewegen. Allerdings funktioniert das nur im Maßstab 1:1 000 000 000 (Milliarde). Denn genau dieser Maßstab liegt dem **Planetenweg** „Vom Saturn zur Sonne" in Durmersheim zugrunde. Modellhaft – und mit Blick auf die Entfernungen maßstabsgerecht – wird auf dem Planetenweg das Sonnensystem dargestellt.

Landesverein »Badische Heimat«

Der Verein wurde 1909 gegründet und ist heute eine echte Bürgerinitiative mit über 3000 Mitgliedern zur Förderung von Regional- und Landeskultur sowie Landesgeschichte, von Volks- und Heimatkunde, zum Schutz der Natur, der Umwelt und der Landschaft sowie zur Sicherung der Denkmalpflege.

Als Mitglied erhalten Sie

• viermal jährlich unsere Zeitschrift »Badische Heimat« im Umfang von ca. 160 Seiten mit Aufsätzen aus unterschiedlichen Sachgebieten wie Literatur, Bildender Kunst, Geschichte oder Musik. Die Hefte sind ein Spiegelbild des aktuellen Geschehens in Baden, mit historischen Beiträgen und Zukunftsperspektiven

• das vielfältige Programm unserer Regionalgruppen: in Nord-Baden Mannheim, Heidelberg, Schwetzingen, Wiesloch, Bruchsal, Bretten, Karlsruhe, Pforzheim, Rastatt und Baden-Baden mit Einladungen zu Vorträgen oder Ausstellungsbesuchen.

Jahresbeitrag

für Einzelpersonen € 26,– Familienbeitrag € 31,– Auszubildende € 13,–

Einzelne Hefte der Zeitschrift »Badische Heimat« können für € 7,50 über die Geschäftsstelle bezogen werden.

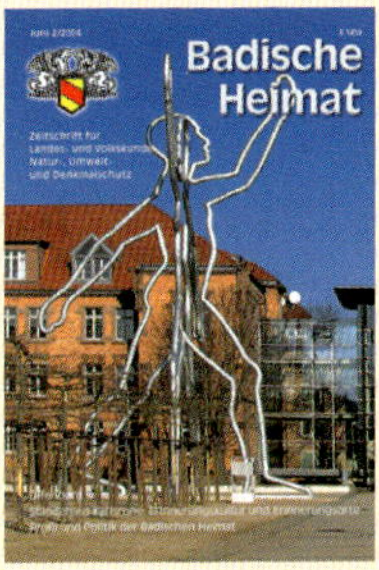

Landesverein Badische Heimat e. V.
Geschäftsstelle: Haus Badische Heimat
Hansjakobstraße 12, 79117 Freiburg
Tel. (07 61) 7 37 24, Fax (07 61) 7 07 55 06

Geschäftszeiten: Mo., Di., Do., Fr. 9 – 12 Uhr

Internet: www.badische-heimat.de
E-Mail: info@badische-heimat.de

11 Eggenstein-Leopoldshafen und Linkenheim-Hochstetten – traditionsreiche Orte zwischen Rhein und Hardtwald

KVV S1/S11 bis H „Eggenstein Bahnhof". Fahrtdauer ca. 24 min. Nach Leopoldshafen mit S1/S11 bis H „Leopoldshafen, Leopoldstraße". Fahrtdauer ca. 27 min. Nach Linkenheim mit S1/S11 bis H „Linkenheim Rathaus" oder H „Grenzstraße". Fahrtdauer ca. 37 min. Nach Hochstetten mit S1/S11 bis H „Hochstetten Altenheim". Fahrtdauer ca. 40 min.

Rund um **Eggenstein-Leopoldshafen** findet man drei unterschiedliche Landschaftsformen: den Hardtwald, die Flusslandschaft am Rhein und den Altrhein. Einiges darüber erfährt man im **Heimatmuseum** Leopoldshafen; Haltestelle Leopoldstraße, Richtung Ortsmitte. Das Museum ist im ehemaligen Rathaus untergebracht, einem zwischen 1720 und 1730 erbauten Fachwerkhaus. Im Erdgeschoss befindet sich die Rekonstruktion einer Wohnung, deren Einrichtung der Zeit um 1900 entspricht. Die Geschichte von Eggenstein und Leopoldshafen wird im Obergeschoss dokumentiert.

Vom Museum aus geht es nun weiter – ein kleiner Spaziergang Richtung Rhein – zum Alten Hafen in den **Vogel- und Tierpark**. Mit viel Engagement und bemerkenswerten Ideen haben die Vogelfreunde Leopoldshafen einen ansehnlichen Park geschaffen. Zu sehen sind in Volieren und einem Großflugkäfig heimische und exotische Vögel.

Das Heimatmuseum im 1721 erbauten ehemaligen Rathaus in Leopoldshafen.

Ausflugstipp Mit dem Fahrrad nach Speyer und zurück. Wegverlauf: Leopoldshafen – Germersheim – Speyer – Leopoldshafen. Streckenlänge: ca. 80 km, Fahrzeit: ca. 5–6 Stunden zuzüglich Besichtigungen. Leichte Radtour ohne Steigungen.

Mit der Rheinfähre in Leopoldshafen setzen wir mit dem Fahrrad über nach Leimersheim (Pfalz). Die Tour führt flussabwärts auf dem Rheinaueradweg durch idyllisch gelegene Rheinwälder und das Naturschutzgebiet **Hördter Rheinaue** nach Germersheim. Besonders sehenswert sind die eindrucksvollen Bauwerke der ehemaligen Festung Germersheim. Nun geht es am Bahnhof vorbei auf dem ausgeschilderten Radweg Richtung **Speyer**. Nach 14,5 km erreichen wir die Domstadt.

Die Westfassade des Doms in Speyer.

Hier lohnt besonders die Besichtigung des berühmten **Kaiserdoms**, des **Historischen Museums der Pfalz**, des **Technik-Museums**, des **IMAX-Kinos** und des Museums **Sea Life**. Der Rückweg führt über die badische Rheinseite. Wir überqueren in Speyer den Rhein und fahren durch die Rheinauen an Altlußheim und Oberhausen-Rheinhausen vorbei. Wir fahren weiter nach Süden und kommen nach Philippsburg. An die bewegte Militärgeschichte der Stadt erinnert das **Festungs- und Waffengeschichtliche Museum** in der Schlachthausstraße 2. Unser Weg führt dann weiter über Rheinsheim durch das 532 ha große Naturschutzgebiet **Elisabethenwört** mit seiner seltenen Flora und Fauna nach Rußheim. Wer im Sommer eine Abkühlung benötigt, kann sich am Baggersee bei Liedolsheim eine kleine Pause gönnen. Wir erreichen den See auf dem Radweg, der ab Rußheim am Rhein entlang führt. Über die Insel Rott gelangen wir wieder an unseren Ausgangspunkt Leopoldshafen.

Bis zum Ende des 19. Jahrhunderts war der **Alte Hafen** in Betrieb. Für die Region stellte er einen wichtigen Wirtschaftsfaktor dar. Schiffe, die vom Niederrhein kamen, fuhren bis nach Schröck, das 1833 in Leopoldshafen umbenannt wurde. Der Alte Hafen wird heute als Naherholungsgebiet und als Fischwasser genutzt. Sehr empfehlenswert ist ein Spaziergang über die Dämme und kleinen Wege.

Nun wird es aber endlich Zeit, sich dem Rhein zu nähern. Eine Idee, der jeden Sonntag bei gutem Wetter zahllose Ausflügler mit dem Auto, dem Motorrad, dem Fahrrad oder auf Schusters Rappen folgen. Die einen zieht es zur **Rheinfähre**, andere zum Rheinkiosk.

Der Rhein bei Linkenheim.

Als mindestens genauso reizvoll erweist sich das Naturschutzgebiet **Altrhein Kleiner Bodensee** im Ortsteil Eggenstein; Haltestelle Eggenstein Bahnhof, die Kirchenstraße und den Fisperweg entlang. Der Fußweg dauert ca. 30–40 min. Vor ca. 200 Jahren entstand der Kleine Bodensee. „Schuld" daran war der Rhein, der noch nicht begradigt, mal wieder eine weite Schlinge weg von seinem eigentlichen Lauf zog. Immerhin schuf er dadurch, aus heutiger Sicht, eines der wertvollsten Altwasser Nordbadens. Zu dem Naturschutzgebiet gehört der **Baggersee „Im Pfeiffersgrund"**. Zahlreiche seltene Tier- und Pflanzenarten haben ihn mittlerweile in Beschlag genommen. Das Gesamtbild eines sehenswerten Naturschutzgebietes runden naturnah bewirtschaftete Wälder ab.

Die Nähe zum Rhein macht sich auch in **Linkenheim-Hochstetten**, besonders im Ortsteil Linkenheim, bemerkbar. Der Fluss liegt einen relativ kurzen Spaziergang von Linkenheim entfernt. Bereits vor dem Rheinwasser stößt der Spaziergänger auf den Linkenheimer **Baggersee**. Neben Wasser hat die Gemeinde aber noch einiges mehr zu bieten – beispielsweise den sanierten historischen Ortskern Linkenheim, Haltestelle Linkenheim Rathaus.

Einen ganz anderen Ausblick verspricht die **Sternwarte** in Hochstetten, Schulstraße 15; Haltestelle Grenzstraße, Richtung Sporthalle. Die Sternwarte ist 5,20 m hoch. Jeden 1. und 3. Dienstag eines Monats lädt sie ab 20 Uhr (SZ 21 Uhr) unter kostenloser Anleitung zu einem Blick durchs Teleskop ins All ein.

Wenden wir uns wieder den irdischen Dingen zu, besonders denjenigen, die den Gaumen erfreuen. Eine große Auswahl an Fischgerichten wird auf der **Insel Rott** geboten: im Fischerheim oder im Gasthaus Waldfrieden. Allerdings muss man sich das Essen erst verdienen, da es zu Fuß eine längere Strecke bis zur Insel Rott geht (Dauer ca. 30 min). Los geht der Marsch auf die Insel an der Stadtbahnhaltestelle Hochstetten-Altenheim; der Hauptstraße Richtung Liedolsheim folgen, am Ortsausgang von Hochstetten links zur Insel Rott abbiegen (ausgeschildert).

Enzklösterle – Ferienort im Sommer wie im Winter

S5 bis Ⓗ „Pforzheim Hbf.", dann S6 bis Ⓗ „Bad Wildbad Bahnhof", von hier mit dem BUS 780/7780 weiter bis Ⓗ „Enzklösterle Adventure Golfpark" oder Ⓗ „Mittelenztal". Fahrtdauer ca. 120 min.

Freizeitvergnügen für die ganze Familie – auf die Gemeinde Enzklösterle dürfte der Slogan auf jeden Fall zutreffen. Wer es ruhiger haben möchte, kommt beim Spaziergang auf der **Enzpromenade** auf seine Kosten. Dazu bietet sich ebenso die schöne Umgebung rund um Enzklösterle an.

„Minigolf in ganz neuen Dimensionen" versprechen die Verantwortlichen des **Adventure-Golfparks**. Mit der S6 geht es zunächst zur Haltestelle Bad Wildbad Bahnhof. Von dort fährt der Bus bis fast vor die Eingangstore der Golfanlage. Auf den Minigolfer warten 18 Bahnen, aufgeteilt in die Themenbereiche Wasser, Wald, Wiese und Stein. Es gibt sogar Bahnen mit einer Länge von bis zu 30 m. Nach einer guten Platzrunde lädt die **„Krippena 2000"** zum Verschnaufen ein. Handgeschnitzte Arbeiten, darunter die größte handgeschnitzte Weihnachtskrippe der Welt, stehen im Mittelpunkt der Ausstellung.

Freizeitspaß für die ganze Familie bietet der Adventure-Golfpark.

Wie sah der Schwarzwald wohl aus, bevor ihn der Mensch „kultivierte"? Antworten darauf finden sich im **Urwalderlebnis Bärlochkar**. Ausgangspunkt der Urwaldreise ist entweder der Bad Wildbader Bahnhof oder die Bushaltestelle Enzklösterle. Mit dem Bus lässt man sich bis zur Haltestelle „Mittelenztal" fahren. Von dort führt ein ausgeschilderter Fußweg in den Urwald. 100 ha umfasst das seit sieben Jahren von der Forstwirtschaft völlig unberührte Waldstück. Jahr um Jahr nimmt der Wald wieder mehr die Gestalt des ursprünglichen Schwarzwaldes an. Die Besucher werden durch den sehenswerten Wald über einen 3,5 km langen Rundweg geführt. An sieben Stationen gibt es Informationen über das Leben im Bannwald, die Flora, die Fauna und die Tierwelt.

Eine ganz andere Möglichkeit Wald zu erkunden, bietet der **Waldklettergarten** beim Hirschtal-Parkplatz. Unterschiedliche Schwierigkeitsgrade in Höhen bis zu 12 m erwarten die „Waldkletterer". Gleichzeitig lässt sich so der „deutschlandweit erste Höhenlehrpfad" erleben.

Ein großer Spaß nicht nur für Kinder: die Riesenrutschbahn Poppeltal.

Im Sommer rodeln? Warum nicht? Möglich ist das auf der längsten Sommerrodelbahn Südwestdeutschlands – auf der **Riesenrutschbahn Poppeltal** (Enzklösterle). Der Bus fährt dorthin. Gerodelt, oder wohl besser gerutscht, wird in einer etwa 1,5 km langen Edelstahlrinne; entweder im Einer- oder im Zweierbob. Der Pilot entscheidet selbst, wie schnell er in der Bahn sein will.

Eppingen – Fachwerk in Variation

S4 bis H „Eppingen Bahnhof". Fahrtdauer ca. 60 min.

Als „Fachwerkstadt mit Pfiff" bezeichnen die Eppinger ihre Stadt. In der Tat, der Slogan trifft zu. Beim Anblick der restaurierten Fachwerkhäuser in der Innenstadt dürfte manchem Betrachter ein anerkennender Pfiff über die Lippen kommen. So ziemlich alle **Bauepochen des Fachwerks** finden sich in der früheren Reichsstadt. Bei mehr als 100 Häusern wurde der Verputz freigelegt, unter dem dann die Fachwerkkonstruktion zum Vorschein kam. Besonders markante Gebäude sind mit Infotafeln versehen, die deren Geschichte in Kurzform wiedergeben. Einfach auf die **gelb-roten Tafeln** oder die Schilder direkt an den Fachwerkhäusern achten.

Beim Bahnhof Eppingen beginnt der Rundgang. Die Straße überqueren und schon steht man vor der ersten Infotafel und vor einem stilisierten Kupferstich, einer Stadtansicht von Matthäus Merian. Besonders wichtig ist die nächste Station, um ein Gespür für Fachwerk zu bekommen. Der **Fachwerklehrpfad** führt sehr plastisch, durch die Darstellung einzelner Elemente, an die dekorative Bauweise heran. Erklärt werden unter anderem das „Andreaskreuz", „die alemannischen Weiber" oder der „fränkische Mann". Sämtliche „Figuren", die natürlich statische Funktionen haben, tauchen immer wieder auf.

Ein Krüppelwalmdach ziert das sorgfältig restaurierte Fachwerkhaus.

Über einem massiven Sockel ist alemannisches Fachwerk aufgeführt.

Gleich zu Anfang des Rundgangs führt der Weg zum „Drei-Stileck": rechts ein alemannisches Fachwerkhaus, links ein barockes und hinten links ein fränkisches. Das barocke Fachwerkhaus weist eine Besonderheit auf. Es hat ein Mansarddach, gekennzeichnet durch die geknickte Form. Dadurch entstand mehr Platz unter dem Dach. Und dann gibt es an der Hausfassade noch zwei grimmig schauende Steinköpfe – sogenannte Neidköpfe. Sie sollen Neider fernhalten.

Und jetzt weiter zur **Alten Universität** und zu ihrer ungewöhnlichen Geschichte. Gerade einmal für ein Semester konnte sich Eppingen 1564/65 Universitätsstadt nennen, als in Heidelberg die Pest wütete. An einen geregelten Universitätsbetrieb war kaum zu denken. Kurzerhand entschlossen sich die Verantwortlichen, die Fakultät „artes liberales" auszulagern – nach Eppingen. Hier hätten sie kaum ein besseres Gebäude finden können. Vor allem kein imposanteres. Mit einer Giebelbreite von 12 m, einer Trauflänge von 16,5 m und einer Höhe von 22,5 m ist die Alte Universität das größte und höchste Fachwerkhaus in Eppingen. Gebaut wurde es 1494/95 als eine Art mittelalterliches Kaufhaus. Das Erdgeschoss gehörte den Metzgern. Sie nutzten es als Fleischhaus. An Markttagen – der alte Marktplatz liegt in unmittelbarer Nähe – stellten Händler ihre Waren in dem mehrgeschossigen Gebäude unter, das genügend Platz bot. Heute befindet sich in der „Alten Universität" ein **stadtgeschichtliches Museum**.

Im weiteren Verlauf des Marktplatzes, in der Altstadtstraße 5, stoßen wir auf eine Rarität des Fachwerkbaus, auf ein Holzbohlenhaus. In der Region dürfte es einmalig sein. Wahrscheinlich stammt das Haus aus dem Jahr 1488. Zwei „halbe Dreier" (eine halbe Drei stand damals für die Acht) auf der Fassade deuten auf das Entstehungsjahr hin. Noch mehr Jahre auf dem hölzernen Buckel hat das **Bäckerhaus** aus dem Jahr 1412 in der Altstadtstraße 36. Es ist das älteste Fachwerkhaus Eppingens. Richtig prunkvoll wird es auf der gegenüberliegenden Seite in der Kirchgasse 31. Spätestens beim Anblick des **Baumannschen Hauses** wird das mit den „Neidköpfen" klar. Das eindrucksvolle Bauwerk von 1582 gilt als das schönste und bedeutendste Fachwerk-Bürgerhaus zwischen Schwarzwald und Odenwald.

Historischer Abriss 985 wurde das Reichsgut Eppingen erstmals urkundlich erwähnt. Im Jahre 1219 war Eppingen bereits „civitas" und verfügte über das Stadtrecht, das es vor allem seiner Lage verdankte. 1462 fiel Eppingen dann an die Kurpfalz. Während des Pfälzischen Erbfolgekrieges (1688–1697) ließ Markgraf Wilhelm von Baden die „Eppinger Linie" errichten, eine Verteidigungslinie, die von Pforzheim über Eppingen bis Neckargemünd verlief. Im Zuge des Reichsdeputationshauptschlusses wurde Eppingen 1803 dem Großherzogtum Baden zugeteilt.

Unübersehbar ragt die Pfarrkirche **„Unsere liebe Frau"** über die Dachgiebel der Stadt hinaus. Zu ihren Füßen das Linsenviertel, die „Keimzelle" des ganz alten Eppingens.

Im Inneren des Gotteshauses befindet sich ein besonderer Kirchenschatz. Zunächst wirkt die Kirche eher unscheinbar. Dann aber fällt der Blick auf den Chor. Durch Zufall wurde der Raum in den 1960er Jahren (wieder)entdeckt. Irgendwann muss er teilweise zugeschüttet worden sein. Wann, warum und von wem, weiß heute niemand mehr. Nach der Freilegung kamen Seccomalereien zum Vorschein, die möglicherweise aus dem Ende des 13. Jahrhunderts stammen. Die Seccomalerei ist eine Wandmalerei auf trockenem Putz; im Gegensatz zu Fresken, die auf frischem, noch feuchtem Kalkputz angefertigt werden. Fast wäre beim Versuch, die Wände freizulegen, die Malerei vernichtet worden. Der Restaurator griff zum Brotteig und legte Zentimeter um Zentimeter den Kunstschatz frei. Er förderte dabei Erstaunliches zutage. Vermutlich ist die Kirche, oder wenigstens der Chor, älter als bisher angenommen. Auf 1435 wird die Grundsteinlegung des Gotteshauses datiert. Besonders die zwölf dargestellten Apostel könnten ein Indiz für eine frühere Kirche – „Kirche zu den zwölf Aposteln" – sein

Draußen am Kirchenhauptportal mit seinem gut erhaltenen Paradieshof lohnt noch ein Blick nach oben. Unter dem Dach befindet sich ein **Carillon**, ein Glockenspiel. Die 49 Bronzeglocken werden über den Stockenklaviaturspieltisch angeschlagen.

Und nun zum ältesten Baudenkmal Eppingens – zum **Pfeifferturm**. Angesichts seiner Größe mit einer Turmhöhe von 22 m ist er kaum zu übersehen. Dort wo der Turm steht, verlief im Mittelalter die Stadtmauer. Seinen Namen verdankt der Wachturm den Turmwächtern, den „Pfeiffern". Sie überblickten die Umgebung. Bei Gefahr, ob nun bei Feuer oder heranrückenden feindlichen Truppen, blies der Wächter in sein Krummhorn. Die kleinen eckigen (Turm-)Fenster wurden erst viel später eingebaut. Mitte der 50er Jahre des 19. Jahrhunderts nutzten die Eppinger den mächtigen Turm als Gefängnis. Erfahrungen damit machten sie bereits einige Jahre früher. Nach der gescheiterten Revolution von 1848 verbannte die Obrigkeit etliche Revolutionäre vorübergehend in den Pfeifferturm. Von Mai bis Oktober, jeweils am ersten Sonntag eines Monats in der Zeit von 14 bis 16 Uhr, kann der Turm mit seinen Gefängniszellen besichtigt werden. Auf Anfrage gibt es sogar außerhalb dieser Termine bei der Stadtverwaltung den Turmschlüssel.

Das Alte Rathaus in Eppingen.

Vom Pfeifferturm aus führt uns nun der Weg zum ehemaligen **Rathaus**. Es liegt zusammen mit dem (neuen) Marktplatz im Schnittpunkt der im 16. Jahrhundert entstandenen Hauptverkehrsachsen. Fast könnte man beim Anblick des Rathauses meinen, dass der Baumeister Friedrich Weinbrenner seine Hände bei der Planung im Spiel hatte. Es war aber nicht Weinbrenner, sondern sein Schüler Schwarz, der das Rathaus 1823/24 entwarf.

Museumstipps

Das Bauernmuseum in Richen: Das Museum widmet sich der bäuerlichen Alltagskultur des Kraichgaus. Eine umfassende Sammlung landwirtschaftlicher Geräte gibt es in dem Fachwerkgebäude aus dem 18. Jahrhundert genauso zu sehen, wie eine komplett eingerichtete Küche, Schlaf- und Wohnstuben, Wirtschaftsräume und vieles mehr.

Das Steinhauermuseum in Mühlbach: In dem Museum, untergebracht im historischen Rat- und Schulhaus von 1903, wird die Geschichte vom raschen Aufstieg und der Blütezeit der regionalen Steinbrüche erzählt. Der Steinmetzberuf kommt dabei nicht zu kurz. Zahlreiche Exponate und Inszenierungen einer Steinhauerhütte oder der Abbausituationen im Steinbruch bringen dem Besucher die harte Arbeit im Steinbruch näher.

Die Raußmühle: Wer nun wirklich einmal in vergangene Welten abtauchen möchte – und das ist tatsächlich wörtlich zu nehmen – sollte unbedingt die um 1334 erbaute Raußmühle besuchen. Im Laufe der Jahre hat der Mühlenbesitzer Frank Dähling eine weit und breit einmalige volkskundliche Sammlung zusammengetragen. Und das in einer unwahrscheinlichen Menge und Vielfalt: Mausefallen vom Mittelalter bis zur Gegenwart, Maltersäcke, Brettstühle, Schlösser und Schlüssel, landwirtschaftliche Geräte, komplette alte Werkstätten… Dort ist die Zeit stehen geblieben. Es empfiehlt sich, seinen Besuch vorher anzukündigen.

Heimat- und Tabakmuseum Elsenz: Die teilweise sehenswerte Sammlung heimatkundlicher Ausstellungsstücke ist im Elsenzer Rathaus untergebracht. Die Ausstellung gewährt unter anderem einen Einblick in das regionale Handwerk – von der Leinenweberei, über Schuhmacher und Küfer bis hin zum Tabakanbau.

Weinbaustube Kleingartach: Untergebracht ist die Ausstellung über die Geschichte des Weinbaus in dem heutigen Eppinger Ortsteil Kleingartach im Erdgeschoss des historischen Rathauses.

Die übernächste Gasse, die Küfergasse, wartet mit einer Besonderheit auf. In dem Sträßchen steht die **Alte Synagoge** von Eppingen, erbaut 1731 und von der jüdischen Gemeinde bis 1873 genutzt. Vor dem Zugriff der Nationalsozialisten bewahrte das Gebäude, das schon seit 1885 im Privatbesitz war, der damalige Hauseigentümer Heinrich Renz. Über dem an der Außenwand heute noch sichtbaren Hochzeitsstein (Chuppastein) brachte er einen Holzladen an, der den kunstvoll behauenen Stein verbarg. (Bei einer jüdischen Hochzeit warf der Bräutigam ein Glas an den Hochzeitsstein, das daran zerbrach – zur Erinnerung an die Zerstörung des Tempels in Jerusalem im Jahre 70 n. Chr.). Heinrich Renz also weigerte sich standhaft, den Laden hochzuklappen. Immer wieder marschierten die Nazis vor dem Haus auf und verlangten, den Holzladen zu öffnen. Der beherzte Mann rettete damit nicht nur sein Gebäude, sondern zugleich auch die Mikwe, ein jüdisches Tauchbad, die sich im Keller befand. Seit 1985 ist hier eine kleine Gedenkstätte eingerichtet.

Ettlingen – historische Stadt an der Alb

S1/S11 bis Ⓗ „Ettlingen Stadtbahnhof". Fahrtdauer ca. 20 min.

Ettlingen – für manche das Tor zum Schwarzwald, für andere die städtische Perle der Region und für die eher sachlichen Zeitgenossen eine Große Kreisstadt mit etwa 39 000 Einwohnern und sieben Ortsteilen. Bis hinein in den Schwarzwald reicht Ettlingen. Die höher gelegenen Ortsteile Spessart und Schöllbronn befinden sich gut 400 m über dem Meeresspiegel. Bürgerlich geht es in und um Ettlingen zu. Der „Ettlinger Charme" kann am besten zwischen Schloss und Rathaus, zwischen Stadtgarten und Lauerturm und an der Alb, die mitten durch die Stadt fließt, erlebt werden.

Einladend wirkt bereits die Stadtbahnhaltestelle **Ettlingen Stadtbahnhof**. Der Bahnhof, ein bisschen auf die Zeit der Industriellen Revolution getrimmt, spiegelt schon etwas von dem wider, wie sich die Ettlinger Innenstadt präsentiert: historisch und doch modern. Der hinter dem Bahnhof liegende **Stadtgarten** zeigt sich vor allem im Frühling von seiner besten Seite.

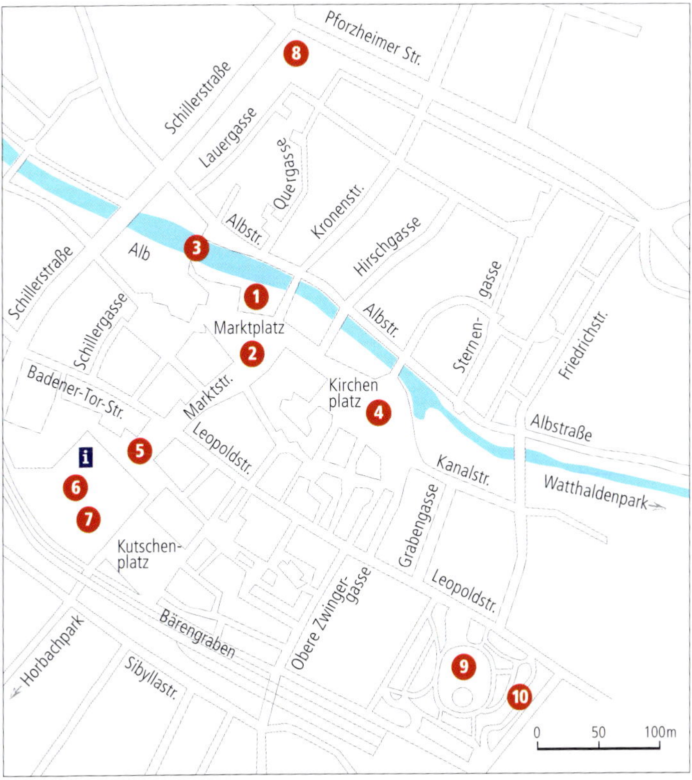

1. Rathaus 2. Georgsbrunnen 3. Albwehr 4. St. Martinskirche 5. Narrenbrunnen 6. Schloss 7. Delphinbrunnen 8. Lauerturm 9. Stadtgarten 10. Stadtbahnhof

„Es lässt sich angenehm und beschaulich in diesem putzig sanierten, aufgeräumten und fast besenreinen Spielzeugstädtchen leben – in diesem etwas spitzwegisch anmutenden Geschachtel von schmucken Häuschen, malerischen Gassen, Torbögen und Efeugemäuer, von lauschigen Laternenwinkeln und leise murmelnden Brünnlein." Der Mundartdichter **Harald Hurst** – in Hamburg wird ihn kaum jemand kennen, in Baden-Württemberg viele und im Badischen fast jeder – muss es wissen. Schließlich wohnt er mitten in Ettlingen.

Durch die Innenstadt geht es zunächst einmal zum Schloss. Darin beheimatet ist das **Museum der Stadt**. Dort wird die nahezu 2000-jährige Geschichte der Stadt Ettlingen und ihrer Umgebung bis in die unmittelbare Vergangenheit dokumentiert. Im Kellergewölbe des Museums sind neben zahlreichen römischen Funden einige merowingische und fränkische Fundstücke ausgestellt. Mit wechselnden Ausstellungen über die Entwicklung der Stadt und der Region wartet im Erdgeschoss die stadtgeschichtliche Abteilung auf. In den barocken Salons befindet sich die **Ostasiensammlung**, eine Zweigstelle des Lindenmuseums Stuttgart. Und dann gibt es noch die **Städtische Galerie** mit ihrer Sammlung regionaler Kunst des 20. Jahrhunderts; unter anderem mit Werken des Bildhauers und Rodin-Schülers Karl Albiker (1878–1961), der von 1905 bis 1919 und von 1947 bis zu seinem Tod 1961 in Ettlingen lebte, und mit Bildern des gebürtigen Karlsruhers Karl Hofer (1878–1955), der zuletzt Direktor der Berliner Hochschule für Bildende Künste war.

Mögen in vielen großen Museen vor allem die Exponate im Mittelpunkt stehen, so ist der Star in Ettlingen eher das **Schloss** selbst. Die Baugeschichte des markgräflichen Schlosses reicht vom frühen 13. bis ins 18. Jahrhundert. Der erste Renaissancebau aus der Zeit nach 1535 erlitt bei einem Brand 1588 erhebliche Schäden, während das Schloss im Dreißigjährigen Krieg verschont blieb. Umso heftiger traf die Albstadt der Pfälzische Erbfolgekrieg

Der Innenhof des Ettlinger Schlosses mit Blick auf das Renaissance-Treppenhaus.

(1688–1697). 1689 brannten die Franzosen in Ettlingen so gut wie alles nieder. Jahre nahm der Wiederaufbau in Anspruch. Doch dann bedrohten die Erbfolgekriege abermals Ettlingen. Diesmal war es der Spanische Erbfolgekrieg (1701–1714). Und plötzlich gewann Ettlingen an strategischer Bedeutung. Als Bollwerk gegen die Franzosen sollte es helfen, das Reich zu schützen. Mit Spaten und Hacke ausgerüstet musste so mancher Bürger an den **Ettlinger Linien** mitarbeiten. Das Befestigungswerk aus Wällen, Gräben und Schanzen auf den Höhen um Ettlingen war militärisch gesehen jedoch recht unbrauchbar. Im Polnischen Erbfolgekrieg (1733–1738) durchbrachen bei Spessart die Franzosen die Befestigung und stießen nach Ettlingen vor. Langsam aber sicher schafften es die europäischen Königshäuser dann doch, ihre Erbstreitigkeiten ohne brachiale Gewalt in den Griff zu bekommen.

Der Eingang wird vom markgräflichen Wappen gekrönt.

Als Glücksfall für Ettlingen erwies sich die Entscheidung der Markgräfin Sibylla Augusta – Witwe des 1707 verstorbenen „Türkenlouis" – ihren Wohnsitz nach Ettlingen zu verlegen. Ihr Baumeister Michael Rohrer erbaute 1728–1733 auf der alten Schlossanlage das heutige Ettlinger Schloss. Die Bezeichnung „Barockschloss" allerdings, wie immer wieder zu hören, ist nicht ganz richtig. Über 50 % der Bausubstanz der Schlossanlage stammt aus dem 16. Jahrhundert, der Epoche der Renaissance. Besonders deutlich wird dies bei den Fenstern oder den Treppentürmchen. Den Ostflügel hingegen, legte Baumeister Rohrer ganz im Stile des Barocks an. Und natürlich auch die für diese Epoche typische „Beletage" mit ihren Prunkräumen zum Repräsentieren. Die unterschiedlichen Stileinflüsse – vom Mittelalter mit Resten des Bergfrieds über die Renaissance bis hin zum Barock – verband Rohrer geschickt zu einem ansehnlichen Gesamtbild. Für die barocke Ausgestaltung ihres Schlosses verpflichtete die Markgräfin etliche Künstler, wie den italienischen Stuckateur Riccardo Retti. Ihm verdankt die Nachwelt die fein gearbeiteten Stuckaturen an den Decken des Südflügels. Stuckschöpfungen als Vasen, Masken, Tiere oder Blumen.

Ebenso sehenswert sind die großzügig gestalteten Säle. Besonders der heutige **Asamsaal**, einst ein Bestandteil der Schlosskapelle, die sich ursprünglich über drei Geschosse erstreckte. 1732 schuf Cosmas Damian Asam die Fresken. Sie erzählen die Geschichte und Legende des böhmischen Heiligen Johann Nepomuk. Für die aus Böhmen stammende Markgräfin Sibylla Augusta war dies auch eine Reminiszenz an ihre Heimat, an ihren Nationalheiligen.

Außerhalb des Schlosses verdient der Schlossbrunnen am Fuße des mittelalterlichen Bergfrieds Beachtung. 1612 erschuf Johann Schoch die Brunnenanlage – den heutigen **Delphinbrunnen** – mit reichem Reliefschmuck und einem Wasser speienden Fisch. Ein ums andere Mal musste der Brunnen seinen Standort wechseln, bis er an seinen jetzigen Platz kam. Wechselvoll geht es ebenfalls bei den jährlichen **Ettlinger Schlossfestspielen** während der Sommermonate zu. Als Schauplatz dient vor allem der Schlosshof, in dessen Atmosphäre die Aufführungen wunderbar zur Geltung kommen.

Auf der Brunnensäule aus Sandstein steht der ehemalige Hofnarr.

Vor dem Schloss befindet sich der **Narrenbrunnen**, mit der Skulptur eines Narren auf dem Brunnenstock. Durchaus etwas spöttisch mit seinen Narreninsignien und einem Knaben zu seinen Füßen, der dem Betrachter seinen „Blanken" entgegenstreckt, schaut der in Stein gehauene närrische Gesell auf das Treiben in der Innenstadt. Das lohnt sich insbesondere, wenn in Ettlingen Markttag ist – üblicherweise mittwochs und samstags. Vor dem **Rathaus** mit seiner Barockfassade bieten die Marktfrauen ihre Waren feil. Und sie werden dabei schon einige Jahrhunderte von einem wackeren Rittersmann beobachtet – von St. Georg. Eine Steinfigur des Heiligen Georg ziert schon über 500 Jahre den nach ihm benannten **St.-Georg-Brunnen**. 1494 wurde der Ritter aus Stein als Hüter und Beschützer des Marktfriedens auf den Brunnensockel gesetzt. Inzwischen steht dort eine Nachbildung. Am Original nagte unübersehbar der Zahn der Zeit.

Im Gegensatz dazu überstand der **Rathausturm**, in unmittelbarer Nähe zum St.-Georg-Brunnen, fast unbeschadet den Lauf der Geschichte. Eigentlich handelt es sich dabei um einen Wehrbau, einen Stadttor-Turm aus dem frühen 13. Jahrhundert.

Das Ettlinger Wahrzeichen schlechthin – der **Lauerturm** – wurde im 16. Jahrhundert erbaut und sicherte damals die Gemarkung des wachsenden Ettlingen. Direkt an Turm und Wehranlage grenzt eine Scheune, die eine Außenstelle des Albgaumuseums beherbergt. Sie zeigt eine umfangreiche Sammlung von Alltagsgegenständen aus dem bäuerlichen Leben um 1900. Der Lauerturm verdankt seinen Namen den Gerbern, die dort lebten und arbeiteten. Beim Gerben kommt Lauge zum Einsatz, eine Arbeit für die „Lauer".

Der Lauerturm in Ettlingen.

Inmitten der von Fachwerkhäusern geprägten Innenstadt steht die **St. Martinskirche**. 788 wurde sie erstmals im Zusammenhang mit dem damaligen Edingom (damaliger Name Ettlingens) genannt. Im 10. Jahrhundert fand sie als Basilika in einer Urkunde des Klosters Weißenburg Erwähnung. 1459 zur Stiftskirche erhoben, fiel auch sie 1689 dem von den Franzosen gelegten Stadtbrand zum Opfer. Im 18. Jahrhundert wurde die Kirche im barocken Stil wiederaufgebaut; Michael Ludwig Rohrer errichtete hierbei das Langhaus. In den Jahren 1980–1990 fand eine Generalsanierung der Martinskirche statt. Die Deckenmalerei stammt von dem zeitgenössischen Künstler Prof. Emil Wachter. Unter der Kirche befinden sich Überreste eines römischen Badehauses (200 n. Chr.), welche mit gebuchten Führungen besichtigt werden können.

Vom Marktplatz sind es nur wenige Schritte am Rathaus vorbei zum Albufer. Hier fällt der Blick auf das **Albwehr**, wo in früheren Zeiten die Alb für eine Mühle aufgestaut wurde.

Ein beliebtes Fotomotiv ist das ehemalige Wehr an der Alb.

Der **Horbachpark** liegt einen kleinen Spaziergang (Richtung Schulzentrum und Albgauhalle) von der Haltestelle Ettlingen Bahnhof entfernt. Angelegt wurde er 1988 anlässlich der Landesgartenschau. Als Naherholungsziel bietet er fast alles, was einen innerstädtischen Park auszeichnet: Wasserspiele, eine Promenade, Bänke und viel Grün. Besonders der große See mit seinen Wasserspielen prägt das Bild im Horbachpark.

Eine etwas andere Parklandschaft erwartet den Ausflügler im **Watthaldenpark**. Er befindet sich in unmittelbarer Nähe zum Albgaubad und verfügt über einen einmaligen Baumbestand. Hervorzuheben sind die unübersehbaren Mammutbäume. Erst jenseits der 30-m-Marke enden ihre Kronen. Ganz zu schweigen vom beachtlichen Umfang der Stämme. Neben der Metasequoia (chinesischer Mammutbaum) kommen in dem 3 ha großen Parkareal Ginkgobäume, Bergahorn, schön gewachsene Buchen oder Flügelnussbäume vor. Gut eingebunden in das Gesamtbild ist außerdem ein See. Gespeist wird er von einer Quelle. Etliche Wasser- und Landvögel, darunter gelegentlich Fischreiher, fanden rund um den See ein neues Zuhause.

Der **Panoramaweg** am Wattkopf entlang bietet nicht nur eine herrliche Übersicht über Ettlingen und das Albtal, er informiert zudem über kulturhistorische Sehenswürdigkeiten, über Geschichtchen und Geschichte rund um die Albstadt und die Region. Los geht es am Ende der Bismarckstraße. Auf den Ausflügler wartet von da an ein 2,5 km langer, ausgeschilderter Rundweg.

15 Forbach – malerischer Luftkurort an der Murg

KVV S41 oder S31 ab Ⓗ „Karlsruhe Hbf." bis Ⓗ „Forbach (Schwarzwald)". Fahrtdauer ca. 60–70 min. Zur Talsperre mit dem BUS 263 von Ⓗ „Forbach" bis Ⓗ „Schwarzenbachtalsperre". Fahrtdauer ca. 95 min. Nach Herrenwies mit dem BUS 263 von Ⓗ „Forbach" bis Ⓗ „Herrenwies Dorfplatz". Fahrtdauer ca. 90 min. Zum Mehliskopf mit dem BUS 263 von Ⓗ „Forbach" oder von Ⓗ „Baden-Baden" mit dem BUS 245 bis Ⓗ „Sand".

Kaum typischer könnte sich das Tal der Murg präsentieren als in Forbach. Beherrscht wird die Szene von der **St. Johanneskirche**. Gegen die Kirche wirken die umliegenden Häuser klein, fast modellartig. Kein Wunder, dass der Volksmund vom Murgtaldom spricht. Das Gotteshaus misst 54 m in der Länge, 18,5 m in der Breite, und der Turm ist 50 m hoch. 800 Sitzplätze gibt es in der Johanneskirche. Erbaut wurde sie 1891.

Das eigentliche Wahrzeichen von Forbach ist aber die **Holzbrücke**. Mit einer Spannweite von beachtlichen 38,5 m führt sie über die Murg. Damit zählt die überdachte, freitragende Brücke europaweit zu den größten ihrer Art. Zudem ist sie begeh- und befahrbar. 1571 wird erstmals eine Holzbrücke an dieser Stelle erwähnt. Gut 200 Jahre später begann der Bau einer überdachten Holzbrücke. Zwei Jahre lang, von 1776 bis 1778, dauerten die Bauarbeiten. Ab 1930 durften nur noch Fußgänger die Brücke überqueren. Nach zähem Ringen entschloss sich die Gemeinde in den 1950er Jahren die Holzbrücke originalgetreu zu rekonstruieren. Einen kleinen Fußmarsch von der Brücke entfernt, befindet sich der **Murggarten**. Der Park hat Wasser-

Elegant schwingt sich die gedeckte Holzbrücke über die Murg.

Auch im Winter ist der Schwarzenbach-Stausee ein lohnendes Ausflugsziel.

spiele – darüber dürften sich besonders die jungen Ausflügler freuen – und genügend Platz, um einfach ein wenig auszuspannen.

Verlassen wir nun die Kernstadt und wenden uns den Forbacher Ortsteilen zu. Als ein Brunnenörtchen erweist sich der Ortsteil **Gausbach**. Entlang der Murgtalstraße und außerhalb des Orts finden sich an den Feldwegen zahlreiche Brunnen, verbunden durch den ausgeschilderten **Brunnenweg**. Die Welt von Sagen und Märchen eröffnet sich dem Ausflügler auf dem ca. 3 km langen **Sagenweg**. Bei der Festhalle Gausbach nimmt der Weg seinen Anfang. „Tierisch" geht es weiter – auf dem **Ziegenpfad** rund um Bermersbach. Der Weg beginnt mitten in der Ortschaft bei der Ortsverwaltung. Oder alternativ von Forbach aus, vom dortigen S-Bahnhaltepunkt. Die Wanderung führt direkt durch die Ziegenweiden. So nahe dürften sich Mensch und Ziege – übrigens äußerst neugierige Tiere – selten kommen. Auf dem sogenannten **Glücksweg** kann sich der Besucher auf die Suche nach dem großen oder kleinen Glück machen. Besonders Kindern dürfte der Erlebnisweg gut gefallen. Alles, was einem entlang des Weges begegnet, hat etwas mit Glück zu tun. Die 4 km lange Rundwanderung beginnt an der Infotafel mitten in Bermersbach.

Ein Museums-Kleinod erwartet den Ausflügler im Forbacher Ortsteil **Bermersbach**: das **Murgtalmuseum**. Untergebracht ist es in einem alten Schulgebäude neben der Festhalle. So ziemlich alles, woran sich der Begriff Heimat festmachen lässt, wird auf einer Fläche von gut 700 m^2 ausgestellt.

Die Gemarkung von Forbach zieht sich weit in den Schwarzwald hinein – bis hoch zur **Schwarzenbachtalsperre**, die man von der Forbacher Stadtbahnhaltestelle aus mit dem Bus erreichen kann. Alternativ bietet sich von Forbach aus ein ausgeschilderter Wanderweg an.

Zwischen Raumünzach und Herrenwies wird der Schwarzenbach zu einem Stausee von beachtlicher Größe gestaut. Der 2 km lange See ist der größte im Nordschwarzwald. Welche Dimensionen der Staudamm tatsächlich hat, wird schnell auf der begehbaren Staumauer deutlich. Nach wie vor dient der See der Stromerzeugung. Durch einen Stollen und durch eine

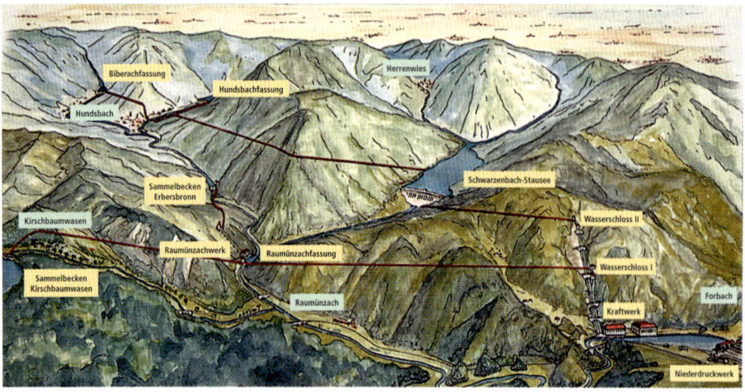

Übersicht über das Schwarzenbach-Kraftwerksystem.

Druckrohrleitung gelangt das Wasser ins Forbacher Rudolf-Fettweis-Kraftwerk. Längst aber haben auch Ausflügler den See für sich entdeckt. Es gibt einen Bootsverleih mit Ruder- und Tretbooten, Einkehrmöglichkeiten, Badebuchten, einen Spazierweg rund um die Schwarzenbachtalsperre und einen Lehrpfad mit Informationen über den Bau der Staumauer. Obendrein führen gut ausgeschilderte Wanderwege nach Herrenwies, Raumünzach, Hundsbach und Forbach. Der Weg nach Forbach ist bis zum Naturfreundehaus „Holderbronn" gleichzeitig ein Baumlehrpfad.

Der Ortsteil Hundsbach bietet Naturidyll pur. Von Forbach mit der Buslinie 246 einfach zu erreichen, bietet sich vor allem die Wanderung zum Schurmsee, einem eiszeitlichen Karsee, oder in Richtung Schwarzwaldhochstraße an. Zu den bekanntesten Ausflugszielen in der Forbacher Region zählt **Herrenwies**. Mit dem Bus gelangt man von der Stadtbahnhaltestelle Forbach bequem dorthin. Idyllisch gelegen, bietet Herrenwies Erholung, viel Natur und etliche Möglichkeiten zu wandern oder zu spazieren – beispielsweise auf dem **Walderlebnispfad**, der nicht nur Städtern das Ökosystem Wald näher bringt. Im Winter ist Herrenwies Ausgangspunkt eines ausgedehnten Loipennetzes.

Skifahren im Winter und Rodeln auf der Ganzjahresbobbahn zeichnen das Ausflugsziel **Mehliskopf** neben dem großen Abenteuerklettergarten und der Downhillstrecke aus. Täglich fährt der Bus (von Forbach bis Sand) den Mehliskopf direkt an (Haltestelle der Linie 263). Mit bis zu 40 Stundenkilometern – wer sich's zutraut – geht es dann im Schienenbob den Hang runter. Keine Sorge, die Konstruktion soll „entgleisungssicher" sein. Ob das gleiche im Winter für die Skifahrer gilt, hängt letztlich von ihrem Können ab. Vier Schlepplifte bringen Skifahrer und Snowboarder auf die längste Piste im Nordschwarzwald. Und wenn es mal nicht schneien sollte, sorgt eine Beschneiungsanlage für den notwendigen weißen Untergrund.

Aber nicht nur auf Skiern oder auf einer Wanderung lässt sich die abwechslungsreiche Landschaft rund um das Murgtal erkunden. Die **Tour de Murg**, ein 61 km langer Radweg von Rastatt nach Baiersbronn, kann entweder gemütlich talwärts oder sportlich bergwärts gefahren werden. Der Radweg führt an zahlreichen, bereits beschriebenen Sehenswürdigkeiten des Murgtals vorbei. Wer es sportlicher mag, kann auf ein ausgedehntes ausgeschildertes Mountainbike-Wegenetz zurückgreifen.

Freudenstadt – Renaissance-Planstadt mit dem größten Marktplatz Deutschlands

KVV S41 oder S31 ab Ⓗ „Karlsruhe Hbf." bis Ⓗ „Freudenstadt Stadtbahnhof". Fahrtdauer ca. 100 min.

Herzog Friedrich von Württemberg wollte mitten in den Schwarzwald hinein eine besondere Stadt bauen, das neue Zentrum seines Herzogtums. 1599 ließ der Herzog seinen Traum wahr werden. Er beauftragte seinen Baumeister Heinrich Schickhardt mit der Planung. Am Reißbrett entwarf der Baumeister das Stadtbild, geprägt von Karrees wie auf einem Mühlebrettspiel. Bereits 1602 zählte Freudenstadt 3500 Einwohner. Berlin hatte zum gleichen Zeitpunkt 6000. 1608 starb Friedrich und mit ihm der Traum von der Schwarzwald-Residenz.

Die Gründungsgeschichte der Stadt sollte man bei einem Rundgang durch Freudenstadt im Hinterkopf behalten. Nur so bekommt der Besucher ein Verständnis für die außergewöhnlich großzügige Planung. Keine mittelalterlichen Mauern, keine kleinen Gässchen oder andere stadtplanerischen Zwänge grenzten Schickhardts Ideen ein. Platz zum Atmen – und das ist wirklich ernst gemeint – gibt es in Freudenstadt in Hülle und Fülle. Und Plätze, die den Namen tatsächlich verdienen, die nie ein Gefühl von Enge aufkommen lassen.

Der **Marktplatz** misst 216 auf 219 m, und sein höchster Punkt liegt auf einer Höhe von 732 m über dem Meeresspiegel. Damit ist der Marktplatz von Freudenstadt nachweislich der größte in Deutschland. Eigentlich war der heutige Marktplatz als Schlossplatz gedacht. Darauf wollte Friedrich ursprünglich seine Residenz bauen lassen. Längst haben die Bürger von Freudenstadt und die zahllosen Ausflügler den Marktplatz in Beschlag genom-

Nach den Zerstörungen des Zweiten Weltkriegs wurden die Häuser rund um den Marktplatz historisch getreu wieder aufgebaut.

Panorama von Freudenstadt.

men. Die prächtigen Fassaden der flankierenden Gebäude, Straßencafés, der Neptun- und Rathausbrunnen, wie überhaupt die gesamte, fast ein wenig südländische Atmosphäre auf dem oberen Marktplatz laden geradezu zum Verweilen und Flanieren ein.

Dabei hätte es auch leicht ganz anders kommen können: Im April 1945 brannte die Stadt beim Angriff der Alliierten. 96 % der Innenstadt fielen dem Feuer zum Opfer. Dann begann der Wiederaufbau. Und zwar im Bewusstsein der eigenen Stadtgeschichte. An den gelungenen Wiederaufbau erinnert eine unübersehbare **Venus** auf einem meterhohen Sockel.

In Verlängerung des oberen Marktplatzes liegt der untere Marktplatz. Auch dort zeigten sich die Stadtplaner großzügig. 50 ebenerdige **Wasserfontänen** beherrschen den Platz. Obwohl beachtlich anzusehen, wirken die Fontänen im Vergleich zu den zwei massigen Türmen der **Stadtkirche** fast unscheinbar. Aber nicht nur die Türme ziehen die Blicke auf sich. Es ist die Form der Kirche, die so manchen Betrachter staunen lässt. Architekten sprechen von einer Winkelhakenform. Jeder Turm gehört zu einem Kirchenschiff. Schnittpunkt der Schiffe ist der Altarraum. Besonders ins Auge fallen die unterschiedlichen Stilelemente des Kirchenbauwerks: Neben Renaissancepforten finden sich Spitzbogenfenster. An den Türmen mit ihren welschen Hauben sind „mittelalterliche" Wasserspeier angebracht. Im Inneren präsentiert sich die nach dem Zweiten Weltkrieg wieder aufgebaute Kirche eher schlicht – bis auf einige herauszuhebende Exponate. Dazu zählt das Freudenstädter Lesepult, das vermutlich aus dem Kloster Hirsau stammt (12. Jahrhundert) und ein Taufbecken aus der Zeit um 1100. Die steinernen Figuren auf dem Taufstein zeigen den Kampf der Dämonen mit den Lichtmächten. Aufmerksamkeit verdient zudem das Kruzifix aus dem Jahr 1450.

Ähnlich ruhig wie in der Kirche geht es im **Kurgarten** zu. Freudenstadt ist ein Luftkurort. Also Durchatmen und tief Luft holen rund um das Kurhaus und die Wandelhalle. Nach all der Ruhe und Erholung wird es jetzt im Museum **Experimenta** richtig spannend. Mitmachen und ausprobieren ist in dem „Erlebnismuseum" ausdrücklich erwünscht. In jedem Fall dürften die kniffeligen Aufgaben, die Experimente, die Rätsel, die optischen Täuschungen und vieles mehr für so manchen staunenden, neugierigen, überraschten oder begeisterten Gesichtsausdruck sorgen.

Das **Sommertheater**, mit Laienschauspielern, ist ein fester Bestandteil im städtischen Terminkalender. Wellness-Einrichtungen und das **Erlebnisbad** „Panoramabad" tragen ihr Übriges zum modernen und familienfreundlichen Bild der Stadt bei; ebenso wie ein fast schon innerstädtischer **Golfplatz** oder die Bärenwiesen, auf denen über eine Winde **Gleitschirmflieger** starten können. Wintersportfreunde dürften am Kniebis auf ihre Kosten kommen, unter anderem auf 120 km Langlaufloipen.

Ausflugstipps

Heimatmuseum: Das Museum im Stadthaus liegt zentral auf dem oberen Marktplatz. Recht anschaulich werden hier die Stadtgeschichte sowie volkskundliche und handwerkliche Themen aufgearbeitet.

Friedrichsturm: Hoch über Freudenstadt mit einer entsprechenden Aussicht liegt der Friedrichsturm. Gebaut wurde er 1899 anlässlich der 300-Jahrfeier von Freudenstadt.

Kulturhistorisches Silberbergwerk: Einen nun wirklich tiefen Einblick in den Bergbau – immerhin bis 30 m – bietet das ehemalige Bergwerk. Das Besucherbergwerk hat mehrere „Schwierigkeitsstufen": Stufe 1, ohne Altersbeschränkung, führt mit etlichen Exponaten in den Bergbau ein. In Stufe 2, Mindestalter zehn Jahre, geht es schon 6 m hinunter in den Stollen. Und ein Abstieg in 30 m Tiefe erwartet die Bergwerkbesucher in Stufe 3, Mindestalter zwölf Jahre.

Lehrpfade und Wandermöglichkeiten: Rund um Freudenstadt gibt es zahlreiche Wanderwege und Lehrpfade. Zum Beispiel den **Waldgeschichts-Pfad**. Am Parkplatz Teuchelwald (Ortsausgang Freudenstadt Richtung Schömberg und Zwieselberg) beginnt der 8,5 km lange Rundweg durch die Geschichte der Köhler, Harzer, Flößer, Glashütten, Erzminen und der Holzhauergesellschaften.

Besonders für Kinder eignet sich ein anderer Pfad, der **Naturlehrpfad**. Fühlen, sehen, riechen, anfassen, ausprobieren und spielen – all das kann auf dem 2,2 km langen Lehrpfad erlebt werden. Als Ausgangspunkt empfehlen sich die Parkplätze Heidenweg oder Hüttenteich sowie die Bushaltestelle Freudenstadt-Nord (an der Karneolbrücke).

Plenterwald-Pfad: 2,9 km führt der Lehrpfad durch den Freudenstädter Plenterwald (Parkwald). An elf Stationen erfährt der Ausflügler eine Menge über diese Art der nachhaltigen Forstwirtschaft. Betriebswirtschaftliche Nutzung einerseits und die wichtige Bedeutung des Waldes für den Kurbetrieb und die Naherholung anderseits sollen in Einklang gebracht werden. Startpunkt ist der Waldparkplatz „Am Zollernblick".

Wasserleben: Im Grunde handelt es sich dabei um ein gewaltiges Freilichtmuseum, eingebettet ins Christophstal. Der ausgeschilderte, 6 km lange Rundweg mit seinen 15 Stationen beginnt am großen Marktplatz. Bergbau, Mühlen, ja sogar ein Schlösschen – das Bärenschlössle – künden vom „Wasserleben" in dem schön gelegenen Tal, durch das sich im Laufe der Jahrhunderte der Forbach seinen Weg gebahnt hat.

17 Gaggenau – Industriestadt mit Charme

KVV S41 oder S31 ab Ⓗ „Karlsruhe Hbf." bis Ⓗ „Gaggenau Bahnhof" oder bis Ⓗ „Bad Rotenfels Schloss". Fahrtdauer ca. 33 min. Nach Hörden mit der S41 oder S31 ab Ⓗ „Karlsruhe Hbf." bis Ⓗ „Hörden". Fahrtdauer ca. 38 min. Nach Michelbach ab Ⓗ „Gaggenau Bahnhof" mit dem BUS 253 bis Ⓗ „Michelbach Kirche". Fahrtdauer ca. 49 min.

Eigentlich sollte die Stadt angesichts ihrer Lage ein Ausflugsziel erster Güte sein. Es gibt die Murg, Wälder und Höhenlagen. Dennoch, einfach wird es nicht, sich Gaggenau touristisch zu nähern – sich einer Stadt zu nähern, in der seit langer Zeit die **Industrie** eine gewichtige Rolle spielt und in der bei Bombenangriffen im Zweiten Weltkrieg ca. 70 % des gesamten Innenstadtbereichs dem Erdboden gleich gemacht wurden. Dann kam der Wiederaufbau. Wie die Stadtplaner dabei zu Werke gingen, wird recht schnell bei einem Spaziergang durch die Innenstadt deutlich: zweckmäßig, modern und etwas nüchtern. Gleichwohl kann der Spaziergang spannend werden – auch vor dem Hintergrund, eine Stadt zu betrachten, deren Neuanfang eine fast völlige Zerstörung voraus gegangen war.

In der Stadt gibt es viele sehenswerte Ausflugsziele. Beispiel: **Bad Rotenfels**. Der Kurort blieb im Krieg weitgehend von Zerstörungen verschont. Recht dörflich, aber nicht ohne Charme, präsentiert sich der Ort. Das gilt unter anderem für die Kirche **St. Laurentius** (aussteigen an der Haltestelle „Schloss"). Was der Kirchturm bereits verspricht, bewahrheitet sich im Kircheninneren: ein echtes Kleinod barocker Kirchenbaukunst. 1762 teilweise neu erbaut, hat die Laurentius-Kirche bis heute kaum etwas von ihrem Glanz verloren.

Um Leistung und robuste Technik geht es im Unimog-Museum. Was 1945 begann, entwickelte sich im Laufe der Jahre zu einem „**Uni**versal-**Mo**tor-**G**erät", das überall auf der Welt – im wahrsten Sinne des Wortes – seine Spuren hinterließ. Schauen, staunen, fachsimpeln und (mit)fahren lautet das Motto in dem modern konzipierten Museum, das keine Unimog-Wünsche offen lassen sollte.

Der klassizistische Mittelrisalit prägt das Gebäude von Schloss Rotenfels.

Die nächste Station auf unserer Tour ist das **Schloss Rotenfels**, westlich der stark befahrenen Bundesstraße 462. Aber keine Sorge, eine Brücke und eine Unterführung führen sicheren Weges den Fußgänger oder Radfahrer zu seinem Ziel.

Die besondere Schlösser-Wander-Tour Die Schlösser-Tour beginnt am Bahnhof Bad Rotenfels, von wo aus der Wegweiser Landesakademie zum **Schloss Rotenfels** führt. Hinter dem Schloss folgt man den Wegmarkierungen bis zur Jägertanne, oder kann einen Abstecher auf den Schanzenbergsattel mit seiner mittelalterlichen Ringwallanlage machen. Der Pfad mündet später wieder in den Hauptweg. An der Jägertanne biegt die Route in den Dürrerbergweg ab, der durch die Laubwälder der Vorbergzone ins Fichtental führt. Ab dem Kuppenheimer Friedhof weist die Markierung des Murgtalwanderwegs zum Schloss Favorite. Nach der Besichtigung von **Schloss und Schlosspark Favorite** führt der Weg vom nördlichen Parkausgang in die Innenstadt von Kuppenheim mit ihren sehenswerten Überresten der mittelalterlichen Befestigung und weiter zum Bahnhof. Die gesamte Tour ist einschließlich des Abstechers zum Schloss Favorite 11 km lang.

Um 1725 ließ Markgraf Ludwig Georg von Baden-Baden, der „Jägerlouis", ein Hüttenwerk auf dem heutigen Schlossgelände bauen. Viel Gewinn warf das Werk aber nicht ab. Wenige Jahre später übernahm der Rastatter Hofglaser und Murgschiffer, Franz Anton Dürr, den maroden Betrieb und erweiterte ihn um eine Hammerschmiede. Im Laufe der kommenden Jahre wechselten die Pächter. 1771 wurde die Anlage endgültig geschlossen. Markgraf Karl Friedrich schenkte 1790 das „Rotenfelser Schmelz Guth" seiner zweiten Gemahlin, Luise Karoline. Die Frau entwickelte Geschäftssinn und investierte in eine Steingeschirrfabrik (1802–1816). Ihr ging es am Ende jedoch wie allen bisherigen Investoren – die Reichsgräfin von Hochburg scheiterte und überließ gegen eine beachtliche Apanage ihren Söhnen ihre badischen Güter; darunter Rotenfels. Sohn Wilhelm, der spätere Markgraf, übernahm die Fabrikanlage und richtete ein landwirtschaftliches Mustergut ein. Seinem Hofbaumeister Friedrich Weinbrenner gab er den Auftrag, das Werksgelände der ehemaligen Steingeschirrfabrik zu einem repräsentativen Landsitz umzubauen. Vor allem die heutige Schlossfassade mit dem Säulenportal trägt seine Handschrift. Zudem weist die Anlage eine deutliche Anlehnung an den oberitalienischen palladianischen Villenstil auf. Markgraf Wilhelm verbrachte auf seinem Landsitz die Sommermonate. 1936 erwarb ein Privatmann das Schloss. Sieben Jahre später wechselte erneut der Besitzer. Ein Direktor der Eisenwerke kaufte das ehemalige markgräfliche Schloss. 1979 ging es dann in den Besitz der Stadt Gaggenau über. Heute, nach einer umfangreichen Restaurierung, ist das Schloss Sitz der Sommerakademie. Die beschilderten Markgraf-Wilhelm-Wege machen die Geschichte des Schlosses und anderer historischer Gebäude „begehbar".

Vom Schloss aus führt direkt ein Spazierweg Richtung Süden zum **Kurpark** und zu dem **Thermal- und Mineralbad Rotherma**, das obendrein eine gesundheitsfördernde

Im Thermal- und Mineralbad Rotherma vergeht die Zeit wie im Fluge.

„Salzwelt" (Salzgrotte) beherbergt. Der Kurpark lädt mit seinem beachtlichen Baumbestand (sehr angenehm im Sommer), mit seinen gepflegten Grünanlagen, einem kleinen Spielplatz oder einem öffentlichen Kneippbecken zum Verweilen ein. Der Kurbetrieb begann in Rotenfels nach 1839. Und das zufälligerweise. Markgraf Wilhelm von Baden (1792–1859) ließ in der Gegend des heutigen Kurgebiets nach Steinkohle bohren. Statt auf Kohle stießen seine Arbeiter auf eine warme Quelle. Sie gehört zum Ausläufer des weit in den Schwarzwald hineinreichenden Quellenbergs Baden-Baden. Die Quelle wurde „angezapft" – die Geburtsstunde des Kurbetriebes. Ein dunkles Kapitel der Stadtgeschichte, spielte sich im Kurpark während der Nazi-Diktatur ab. Hitlers Schergen errichteten dort ein Außenlager des Sicherungslagers Schirmeck. Daran erinnert heute eine kleine Gedenktafel.

Die Waldwirtschaft und somit die Flößerei spielten auch in Gaggenau jahrhundertelang eine wichtige Rolle. Darüber berichtet die Ausstellung im **Flößermuseum Haus Kast** im Stadtteil Hörden. Mit der Stadtbahn bis Haltestelle „Hörden"; von dort 5 min Fußweg. In dem über 400 Jahre alten Renaissance-Gebäude sind zahlreiche Exponate zur Flößerei und rund um die Forstwirtschaft zu sehen. Außerdem gibt das Museum einen Einblick in die regionale Wirtschafts- und Jagdgeschichte.

Im Flößereimuseum in Hörden wird die Geschichte der bedeutenden Murgtal-Flößerei wieder lebendig.

Die nächste Station der Gaggenau-Tour führt auf die schön gelegenen Hänge über der Stadt. Es geht in den Ortsteil **Michelbach**. Wer Lust hat, kann die Umgebung auf einem ca. 3–4 km langen Spaziergang erforschen. Drei Möglichkeiten bieten sich an, nach Michelbach zu gelangen:

- Über einen Wanderweg von Bad Rotenfels aus. Los geht's an der Wandertafel am S-Bahn-Haltepunkt Bad Rotenfels Bahnhof. Die Wegmarkierung führt nach Michelbach mit den Stationen „Großer Wald" und „Große Eiche". Der Weg hat eine Länge – hin und zurück – von ungefähr 7 km.
- Von Rotenfels, Haltestelle Schloss, mit der S-Bahn zur Haltestelle Gaggenau-Bahnhof, weiter zum Stadtpark, der nicht weit entfernt vom Bahnhof liegt. Von dort aus der Wanderbeschilderung Richtung Michelbach folgen.
- Vom Bahnhof Gaggenau aus mit dem Regionalbus nach Michelbach.

Der Ortsteil nennt sich Fachwerkdorf – und hat die Bezeichnung auch verdient. Die Ansammlung von schmucken Fachwerkhäusern in einer idyllischen Umgebung ist sehenswert. Dazu trägt auch der Michelbach seinen Teil bei. Weitgehend in seinem ursprünglichen Bett schlängelt sich das Bächlein durch den Ort. Keine Frage, für Freunde des Fachwerks, die auch noch eine abwechslungsreiche Gastronomie schätzen, ist die Ortschaft ein El Dorado. Viel Mühe gaben sich die Einwohner Michelbachs, ihr Heimatdorf „ausflugsfreundlich" zu gestalten. Das gilt besonders für den **Michelbacher Dorflehrpfad**. An ihm reihen sich 22 Stationen auf, die einen trefflichen Einblick in die Dorfgeschichte erlauben. Der Lehrpfad beginnt bei der Dreschhalle im Unterdorf und führt hoch bis zur Freizeitanlage „Gumbe". Zwischendrin kreuzt er das Heimatmuseum.

Noch ein Wort zum **Gumbe**. Dabei handelt es sich um eine einladende Freizeitanlage mit einem Spielplatz, einem Bach, einem kleinen See, Wiesen und Schatten spendenden Bäumen, einer Hütte und einem Grillplatz. Die Freizeitanlage kann auch zu einer sehr moderaten Gebühr angemietet werden. Anmeldungen nehmen die Ortsverwaltung Michelbach oder die Stadtverwaltung Gaggenau entgegen.

Von Michelbach führt ein 3,6 km langer **Wallfahrtsweg** nach Moosbronn. Los geht es bei der Pfarrkirche St. Michael. Am Mühlenwegplatz zweigt der Weg in die Klosterstraße ab und führt bisweilen steil bergauf über den Mönchkopfsattel zum Wallfahrtsort Moosbronn. Entlang des Weges befinden sich drei alte Bildstöcke: Zeugnisse früherer Volksfrömmigkeit. An diese Zeiten erinnert ebenfalls die Wallfahrtskirche Mariahilf (1746–1749 erbaut) in **Moosbronn**. Heute wird das ansehnliche Kirchlein mit seinem barocken Flair gerne als Hochzeitskirche genutzt.

Kulturtipp In der **klag-Bühne** findet sich für jeden Kulturmenschen etwas. Unter dem Titel **„Kulturrausch"** bietet das Städtische Kulturamt eine vielfältige Kleinkunst-Palette an. Im Frühjahr und Herbst finden die Musik- und Kabarettveranstaltungen vorwiegend in der Kleinkunstbühne klag, aber auch an anderen Schauplätzen, wie in den städtischen Hallen oder unter freiem Himmel, statt.

18 Germersheim – spannendes Straßenmuseum in historischer Festungsstadt

KVV RE 3862 ab Ⓗ„Karlsruhe Hbf." bis Ⓗ„Germersheim Bahnhof". Fahrtdauer 30–40 min.

Wo heute Kinder spielen, marschierten vor etwas mehr als 100 Jahren Soldaten im Rock des bayrischen Königs durch die Kulissen. Zwischen Mauern, deren Stärke jede Kanonenkugel hätte abprallen lassen, stehen heute Skulpturen, die Namen tragen wie „Stein-Zeit-Säule" oder „Prozess des Findens". Wo früher unzählige todbringende Waffen und vielerlei militärische Ausrüstungsgegenstände lagerten – im Zeughaus – wird heutzutage anschaulich, und in dieser Form deutschlandweit einmalig, die Geschichte des Straßenbaus dokumentiert. Keine Frage, die vormalige Festungsstadt Germersheim weiß immer wieder zu überraschen.

Ausgangspunkt der Tour durch das Städtchen ist der Bahnhof. Ab Ende 2010 soll übrigens eine Stadtbahn direkt von Karlsruhe über Wörth nach Germersheim fahren. Und es wird mit Germersheim-Mitte einen neuen Haltepunkt geben. Bis dahin geht es vom Bahnhof aus entweder zu Fuß oder mit dem Bus bis zur Haltestelle „Paradeplatz". Wenige Schritte davon entfernt steht das Weißenburger Tor, Startpunkt eines Festungs- und Stadtrundgangs. Zusammen mit dem Ludwigstor bildete das Weißenburger Tor den Eingang zur Festungsstadt. Etliche Teile der imposanten Festungsanlage, die ganz Germersheim umschloss, sind gut erhalten. Rechtzeitig erkannte die Stadt, dass sie mit der Festung einen Trumpf der besonderen Art in der Hand hat. Für etliche Millionen Euro wurden Teile der Festung wieder „instand gesetzt". Der Aufwand hat sich gelohnt.

Der Blick vom Weißenburger Tor auf die Festungsanlage erlaubt kurz ein Verweilen, einen Blick in die Germersheimer Stadtgeschichte.

Modell der historischen Festungsanlage.

Historischer Abriss Die erste urkundliche Erwähnung Germersheims datiert aus dem Jahr 1090. 1276 verlieh Rudolf von Habsburg Germersheim die Stadtrechte. Daran erinnert in unmittelbarer Nähe zum Kirchenplatz eine Statue des Habsburger Kaisers. In seiner Geschichte geriet Germersheim immer wieder zwischen die Fronten. Unter der napoleonischen Herrschaft wurde die Stadt bis 1814 zu einem französischen Anhängsel. 1816, mit ein Ergebnis des Wiener Kongresses, kommt Germersheim mit der Pfalz zu Bayern. Die Bayern wiederum wollten sich gegen den „Erbfeind" aus Frankreich schützen und ließen eine gewaltige Festung erbauen (1834–1861) – und zwar eine so genannte polygonale Festung, gekennzeichnet durch lang gezogene Walllinien und der Abwesenheit von Platz raubenden Bastionen. Dennoch, die Festungsanlage bremste regelrecht die Entwicklung von der Stadt aus. An der Peripherie durfte sich niemand ansiedeln. Infanterie und Kanoniere brauchten freies Schussfeld. Am Ende erwies sich der Festungsbau als nicht mehr zeitgemäß. Wenige Jahre nach dem Ende des Ersten Weltkriegs wurden große Teile der Festung „geschleift".

Einen Eindruck über die Größe der Festungsanlagen vermittelt die Fronte Lamotte mit ihrem ehemaligen Waffenreduit, einer verstärkten Verteidigungseinrichtung. Von der Lamotte geht es jetzt weiter in Richtung Hochschule bis zur Kreuzung An der Hochschule/An der Fronte Beckers – eben zur hufeisenförmig angeordneten Fronte Beckers. Lohnenswert ist zunächst ein Blick von oben über die Anlage. Mächtig, vor allem aber friedlich steht sie da und bildet die Kulisse für einen Skulpturenweg. Zehn Kunstwerke (recht gut beschildert) reihen sich auf. Entstanden sind sie genau dort, wo sie heute noch stehen. Längst hat in der Festungsanlage die Rebellion der Kunst, ihre Vielfalt an Formen und Ausdruck, den stumpfsinnigen Festungsdrill abgelöst.

Über die Glacisstraße zur An-der-Stengelkasernen-Straße und dann zur Blaustraße geht es zum zweiten Festungstor, dem Ludwigstor. Hier befindet sich auch das **Germersheimer Stadt- und Festungsmuseum**. In 43 Räumen erfährt man in dem Museum vieles über die regionale Geschichte und natürlich ebenso viel über die Festung.

Deutlich besucherfreundlicher zeigt sich im weiteren Verlauf des Rundwegs (Ludwigsring, dann rechts ab in die Zeughausstraße) das **Deutsche Straßenmuseum** im alten Zeughaus. Hier erwartet den Besucher eine wirklich spannende Reise vom „Trampelpfad der Frühzeit" bis zur „Hightech-Autobahn der Gegenwart". Besonders erwähnenswert sind die unzähligen Exponate, angefangen bei Dampfwalzen, Wartungsfahrzeugen, Automobilen bis hin zu Dioramen. Die Reise in die Vergangenheit, und darin liegt der Charme des Museums, ist bisweilen eine Reise in die „motorisierte Vergangenheit des Betrachters". Beispiel gefällig: Heuer-Ampel. Wer kennt sie noch? Die Ampel mit den grünen und roten Flächen und dem großen wandernden Zeiger darin. Auch mit einer sehenswerten Modelleisenbahnanlage kann das Museum aufwarten. Deren Zukunft ist freilich etwas ungewiss. Leider fährt sie zudem recht selten – nur jeden ersten Sonntag im Monat.

Exponat im Straßenmuseum.

Blauer Engel.

Und nun geht es mitten hinein in die Innenstadt, am besten gleich zum Königsplatz, dem „pulsierenden Herzen" der Stadt, Ort für Cafés und Gaststätten. Im Mittelpunkt des mit Platanen umwachsenen Platzes – früher wurde dort exerziert – steht ein fünfteiliges Kunstwerk von Jürgen Goertz. Es trägt den Titel „Frieden".

Vom Königsplatz aus, in Blickrichtung zum „Blauen Engel" (Brunnenanlage), lässt sich eine Kirchturmspitze erkennen. Die Spitze gehört der **St.-Jakobus-Kirche**, einem der letzten noch erhaltenen gotischen Kirchengebäude in der Pfalz. Erste Erwähnung fand an dieser Stelle 1280 eine Burgkapelle. 40, 50 Jahre später soll die im Baustil einer dreischiffigen gotischen Basilika gehaltenen Kirche gebaut worden sein. Beachtung verdient unter anderem die Krypta (Grabstätte) des kleinen Gotteshauses. 1977 wurde sie bei Renovierungsarbeiten wiederentdeckt. Verewigt haben sich in der Kirche (rechte Chorwand) die Brüder Rudolf und Matthäus Schiestl, letzterer war auch im Speyerer Dom tätig.

Die Kirche liegt in der Altstadt, wenn man so will nördlich der Queich, dem Flüsschen, das durch Germersheim fließt. Im positiven Sinne des Wortes beschaulich, fast ein wenig wie ein Dorf mitten in der Kreisstadt Germersheim, präsentiert sich der **Altstadtbereich**. Sie sollten es nicht versäumen, durch die Altstadt zu spazieren und dabei einen Abstecher in die evangelische Kirche zu machen. Sie steht inmitten einer Häuserfront und wird somit vom Alltag in den Häusern, vom täglichen Treiben in der Straße gestützt.

Zum Abschluss jetzt noch einige Tipps rund um Germersheim und seine Ausflugsziele:

Lohnenswert ist ein Spaziergang um den Innenstadtbereich. Ein **Grüngürtel** mit kleinen Parks, Spielplätzen und einem beachtlichen Baumbestand schmiegt sich um die Innenstadt und die vormalige Festungsanlage. An der **Queich** entlang gibt es einen schön gelegenen Spazierweg.

Fahrt durch den **Altrhein** bei Germersheim mit einem Nachen, der Platz für zwölf Passagiere bietet. Die entsprechenden Boote (samt Begleiter) können nur komplett gebucht werden: Tourist-Info Germersheim (☎ 07274/960260).

Keine Buchungen sind beim Germersheimer **Festungsfest** (Juni oder Juli) notwendig. Alle zwei Jahre lädt die Stadt zu ihrem großen Fest ein, in dessen Verlauf auch wieder die Militärgeschichte Germersheims lebendig wird; friedlich, versteht sich, und gleichwohl – bei all den herausgeputzten Hobby-Uniformträgern – bisweilen auch „schmissig".

Gernsbach – Baukunst und Naturerlebnis im Murgtal

S41 oder S31 ab Ⓗ „Karlsruhe Hbf." bis Ⓗ „Gernsbach Mitte". Fahrtdauer ca. 45 min.

Die Bezeichnung „Romantisches Tor zum Murgtal" hat Gernsbach verdient. Die Murg fließt unmittelbar an der Stadt vorbei und prägt nachhaltig das Stadtbild. Über ihrem Ufer baut sich vor dem Betrachter die Gernsbacher Altstadt auf. Abertausende Male dürfte dieses Postkartenidyll bereits fotografiert worden sein.

Partie an der Murg.

Das Bedürfnis, mehr von Gernsbach zu sehen, wächst dabei unweigerlich. Die Murg ist heute kein Hindernis mehr. Über sie führt die **Stadtbrücke**. Urkundlich wurde sie das erste Mal 1505 erwähnt. 1823/25 erhielt sie ein neues Gesicht aus Stein. Für die Stadt selbst hatte die Brücke eine wichtige wirtschaftliche Bedeutung. Vor allem nach dem Bau der rechter Hand zu sehenden **Brücken- und Grafenmühle** von 1386.

Nähern wir uns nun über die Brücke der Altstadt. Eigentlich handelt es sich dabei um zwei „Altstädte". Rechts geht es ins **Marktdorf**, links ins ältere **Kirchdorf**. Fachwerkhäuser und Bauten aus der Gründerzeit umgeben die Hofstätte. Von hier führt der nun etwas steilere Weg hinauf zum alten Rathaus und zum Marktplatz, vorbei am **Kondominatsbrunnen**. Der 1511 erbaute Brunnen erinnert an die Teilung Gernsbachs. 1387 erging es dem bisherigen Alleinherrscher über Gernsbach, Wolf von Eberstein, wie vielen anderen seiner Standesgenossen: Wegen einer Fehde mit den Württembergern ging er pleite. Der Ebersteiner verkaufte die Hälfte seiner Besitzungen an Markgraf Rudolf VII. von Baden. Damit begann die gemeinsame Herrschaft, das Kondominat der Markgrafen und der Ebersteiner Ritter über Gernsbach. Bis zum Jahr 1660, als das Geschlecht der Grafen von Eberstein im Mannesstamm ausstarb, funktionierte die Doppelherrschaft recht gut.

Danach stritten sich die Häuser Baden, Wolkenstein und das Domstift Speyer bisweilen erbittert um Gernsbach. Im Verlauf mehrerer Erbfolgekriege – so auch 1689 durch die Franzosen – wurde das Städtchen mehrfach geplündert und gebrandschatzt.

1617/18 entstand das **Alte Rathaus**. Allerdings nicht als Rathaus, sondern als Wohnhaus. Ein einflussreicher Murgschiffer und Holzhändler, der Großunternehmer Johann Jakob Kast, beauftragte den Heidelberger Hofbaumeister Johann Schoch mit dem Bau. Das schlossartige Wohnhaus zählt zu den bedeutendsten Gebäuden der späten Renaissance in Süddeutschland. Von 1648 bis 1936 wurde es als Rathaus genutzt.

Das Kast'sche Haus ist das hervorragende und seltene Beispiel eines Renaissance-Wohnhauses.

Unmittelbar beim Alten Rathaus beginnt der **Marktplatz** von Gernsbach. Er bietet alles, was zum Verweilen einlädt – einen Marktbrunnen, Straßencafés und schmucke Häuschen. Gernsbach ist bekannt für sein Brunnenwasser, das an einigen Brunnen Trinkwasserqualität hat.

An den Marktplatz schließt sich das **Kornhaus** an. Die Kombination von Fachwerk und Säulen zieht die Aufmerksamkeit auf sich. Allerdings handelt es sich bei dem von Friedrich Weinbrenner erbauten Kornhaus um eine Adaption des ursprünglichen Hauses. Das Original fiel 1798 den Flammen bei einem Stadtbrand zum Opfer. Bereits 1417 wurde das Kornhaus als Kaufhaus des Korn- und Fruchtmarkts erwähnt.

Seit Jahrzehnten wartet das leere Nest auf dem Storchenturm auf ein neues Storchenpaar.

Wer den Kaufleuten auf die Finger schauen wollte, konnte dies recht unbemerkt vom **Storchenturm** aus machen. Seinen Namen verdankt der zur Stadtbefestigung zählende Turm natürlich den Störchen, die ihn laut der Gernsbacher Chronik „seit Menschengedenken als Nistplatz nutzten". Aber: Der Turm stammt wahrscheinlich aus dem 15. Jahrhundert, und es gibt seit langem keine Störche mehr in Gernsbach. Die letzten zogen 1914 von dannen.

Noch etwas höher als der Storchenturm ragt die Kirchturmspitze der **Liebfrauenkirche** in den Gernsbacher Himmel. Ihre genaue Entstehungsgeschichte ist weitgehend unbekannt. Der Sage nach hat die Kirche ihren Ursprung in einer Kapelle, die in direkter Verbindung zu einer vormaligen (vermuteten) Burganlage stand. Verbrieft hingegen ist eine Erweiterung der Liebfrauen-Kirche aus dem Jahr 1833. Der Kirchturm beherbergte bis ins 18. Jahrhundert eine Kanone. Sie sollte der westlichen Flanke der Stadtmauer zusätzlichen Schutz bieten.

Zwischen 1970 und 1971 wurde die Kirche gründlich saniert. Weg von den früheren neugotischen Veränderungen, hin zur Spätgotik mit modernen Elementen. Hinter der Liebfrauenkirche führt eine Brücke zum Friedhof. Wohlgemerkt keine Brücke über einen Bach, sondern eine **Brücke über Dächer**. Noch mehr Ausblicke bietet die Kirchenmauer.

Nicht weniger als 82 km^2 nennt Gernsbach sein Eigen. Es erstreckt sich bis hoch nach Kaltenbronn, zum Hochmoor, zum Wildseemoor und zum Hohlohsee. Eine Buslinie verbindet Gernsbach mit Bad Wildbad (umsteigen auf dem Kaltenbronn). Sie führt über das Natur- und Waldschutzgebiet Kaltenbronn. Wer die Zeit hat, sollte unbedingt das Angebot nutzen und das Hochmoor erkunden. Und noch ein Tipp: Vom Storchenturm führt der **Gernsbacher Sagenweg** die Besucher durch die Welt von Trollen, seltsamen Köhlern und wackeren Helden. Einen Übersichtsplan, samt „sagenhafter" Erzählungen, gibt es im Kultur- und Verkehrsamt. Der Weg kreuzt auch das **Schloss Eberstein**, den ehemaligen Stammsitz der Grafen von Eberstein. 1272 wurde die Burg erstmals urkundlich erwähnt.

Jetzt aber zurück nach Gernsbach, bergab durch die Turmgasse auf Kopfsteinpflaster. Der Weg führt durch enge Gässchen, vorbei am alten Gefängnis bis das Sträßchen die Waldbachtalstraße kreuzt. Dort schließt sich uns der Waldbach an. Dieser Winkel dürfte mit zu den idyllischsten in Gernsbach gehören. Wer genau hinschaut, kann den Verlauf der alten Stadtmauer erkennen. Wo sich heute eine gut ausgebaute Straße befindet, standen bis in die unmittelbare Vergangenheit hinein dicht gedrängt Häuser. Sie schmiegten sich regelrecht an die Stadtmauer. Erhalten blieb aus dieser Zeit lediglich die 1620 erbaute **oberschlächtige Mühle**. Bei solch einer Mühle wird das Betriebswasser dem Mühlrad von oben zugeführt.

Nicht weit entfernt ziehen zwei imposante Gebäude aus dem 16. Jahrhundert den Blick auf sich. Die Bauern mussten in den zwei Scheunen, dem **Zehntspeicher**, ein Zehntel ihrer Ernte abliefern. 1764 und 1784 wurden sie neu errichtet.

Vom Zehntspeicher gelangt man über die Ebersteingasse zur **St. Jakobskirche**. Ihre Geschichte beginnt im 13. Jahrhundert, als Kirche der Grafen von Eberstein. In der Krypta, unter dem Chor, befindet sich die Grablege der Ebersteiner. Der Saalbau mit der gotischen Westfassade entstand zwischen 1467 und 1471. Fast genau 300 Jahre später zog der Barock in die Kirche ein – die Langhausdecke erhielt ein Spiegelgewölbe und einen barocken Dachreiter.

Verlassen wir nun den alten Siedlungskern von Gernsbach. Über die schmale Ebersteintreppe geht's zur Schlossstraße, oder, wie sie die Gernsbacher be-

Weiter Blick auf die malerische Gernsbacher Altstadt.

zeichnen, zur „Gaß". Zwischen der idyllischen Murg und dem Kirchdorf führt sie zur Ebersteinbrücke. Früher galt die „Gaß" als Zentrum der Handwerker und Händler. Mitten hinein baute das Domstift Speyer, dem die Gernsbacher abgabepflichtig waren, um 1556 einen **Amtshof** mit Lagerstätten, einer Küferei und natürlich mit einer Wohnung für den Vogt.

Die Murghalbinsel ist ein lauschiges Plätzchen zum Entspannen. Dazu bietet sich ebenfalls der **Katz'sche Garten** an. Also wieder zurück zur Stadtbrücke und links auf die Durchgangsstraße abbiegen. Nach einem kurzen Fußmarsch kommt dann linker Hand der kleine Park. 1803 ließ ihn die Familie Katz im Stile eines spätbarocken Gartens anlegen. Die Murgschiffer Katz sammelten aber nicht nur Holz und verschifften es auf der Murg, sondern ebenfalls Kunstwerke aus der Zeit der Spätgotik bis zum Jugendstil. Eine Vielzahl der Werke kann im Katz'schen Garten begutachtet werden.

Murgschiffer Bereits im Mittelalter machten sich die Bewohner des Murgtals den Holzreichtum ihrer Gegend zu Nutze und erlangten Wohlstand durch Flößerei und Holzhandel. Um 1570 erlebten die Murgschiffer ihre Blütezeit. Sie schlossen sich zur Murgschifferschaft zusammen, um den Holztransport und -verkauf gemeinsam zu organisieren. 1913 wurde die Flößerei im Murgtal eingestellt.

Vier (!) Freibäder unterhält Gernsbach – jeweils eins in den Ortsteilen Reichental, Lautenbach, Obertsrot und in der Kernstadt. Ohne die aktive Mitarbeit der Bürger wäre das kaum möglich. Ähnliches gilt für das **Waldmuseum Reichental**. Zahlreiche tatkräftige Helfer ließen dort ein Dorf-Sägewerk wieder aufleben. Das Museum dokumentiert die Geschichte der für Gernsbach so wichtigen Holzindustrie und greift dabei auch Randthemen, wie die Köhlerei, auf.

Gochsheim – außergewöhnliche Museen in historischer Altstadt

S32 ab Ⓗ „Karlsruhe Hbf." bis Ⓗ „Gochsheim". Fahrtdauer ca. 40 min.

Gochsheim, ein Stadtteil von Kraichtal, ist ein bemerkenswertes kleines Städtchen. Gerade mal 1700 Einwohner zählt der Flecken mitten im Kraichgau. Dafür aber hat Gochsheim drei Museen. Nicht irgendwelche wohlgemerkt, sondern in der Region, ja sogar deutschlandweit ganz besondere: das Museum im Graf-Eberstein-Schloss, das Badische Bäckereimuseum und das in Deutschland einmalige Zuckerbäckermuseum. Allesamt fügen sie sich in das Stadtbild ein und tragen mit zum Charme Gochsheims bei. Das Bild der mittlerweile 1200 Jahre alten Gemeinde wird geprägt von schmucken Bürgerhäusern, teilweise im Fachwerkstil, von Gässchen und einer im wahrsten Sinne des Wortes bezaubernden Umgebung. Ein wenig Zeit sollte der Besucher auf jeden Fall mitbringen, um Gochsheim zu erkunden. Dabei erweist sich die gute Beschilderung zu markanten Besichtigungspunkten als sehr hilfreich. Als Ausgangspunkt der Tour bietet sich das **Graf-Eberstein-Schloss** an. Etwa zehn Gehminuten liegt es von der Stadtbahnhaltestelle Gochsheim entfernt. Bevor es allerdings ins Schloss und seine Ausstellungen geht, lohnt ein Blick auf die Gochsheimer Geschichte. Durchaus auch als Beispiel verstanden für die wechselvollen Entwicklungen und Verwicklungen einer kleinen Stadt im Kraichgau.

In dem architektonisch interessanten Schlossgebäude fand auch das Küfereimuseum seinen Platz.

Historischer Abriss 804 erschien der Name Gozbodesheim, aus dem sich im Laufe der Zeit Gochsheim entwickelte, erstmals auf einer Schenkungsurkunde an das Kloster Lorsch. Anfang des 13. Jahrhunderts kam Gochsheim an die Grafen von Eberstein, und Mitte des gleichen Jahrhunderts erhielt es das Stadtrecht. Im Zuge des Bayerischen Erbfolgekrieges ging die Stadt 1504 an Württemberg über. 1689 wurde die Stadt und die 1617 erbaute Kirche im Pfälzischen Erbfolgekrieg von den Franzosen niedergebrannt. Im Jahre 1806 wurde Gochsheim dem Großherzogtum Baden angeschlossen.

Wie gesagt, eine Stadtgeschichte, die exemplarisch für viele andere Städtchen steht. Zurück in die Gegenwart, zurück auf die Museumsroute. Vieles von dem, was über den Werdegang Gochsheims zu berichten wüsste, gibt es leider nicht mehr. Und wenn – zeitlich gesehen –, in modifizierter Form. 1739 wütete ein großer Brand in Gochsheim; und 50 Jahre zuvor der „Franzmann". Inzwischen sollte allmählich das **Gochsheimer Schloss** in Sichtweite kommen. Wo zuvor die Burg stand, die wegen der Modernisierung der Kriegswaffen letztlich niemand mehr brauchte, steht heute die Schlossanlage. Der Bau begann um 1520. Ursprünglich waren es genau genom-

Selbstporträt von Karl Hubbuch (1891–1979).

men zwei Schlösser – ein vorderes und ein hinteres. Letzteres wurde 1828/29 abgerissen. Beide Bauten schlossen einen Innenhof ein. Mittlerweile befindet sich an der Stelle des „hinteren Schlosses" ein Kindergarten. Doch jetzt ab ins **Museum Graf-Eberstein-Schloss**, wo es tatsächlich vieles zu sehen gibt. Werke des Karlsruher Professors an der Kunstakademie, **Karl Hubbuch**, finden dort genauso Platz wie die Bilder von Volkskundler Carl Krieger und seiner Tochter Margarethe. Hubbuchs Bilder, die unter anderem das Leben im Kraichgau abbilden, lassen sich am ehesten mit dem Stichwort „Neue Sachlichkeit" beschreiben. Die Verfeinerung der neo-realistischen Kunst, die Gesellschaft durch eine Art stumpfe Ehrlichkeit darzustellen und auch zu kritisieren, machten Hubbuch weit über die Grenzen der Region hinaus bekannt.

Im Gegensatz zu solchen Betrachtungen, hat es der Besucher in einer weiteren Abteilung des Schlossmuseums deutlich einfacher, sofort wahrzunehmen, was er sieht: **Bügeleisen**. Nicht ein paar, sondern Hunderte – die größte Bügeleisensammlung der Welt. Die imposante Sammlung stellte Heinrich Sommer dem Museum zur Verfügung. Die insgesamt über 1300 Bügeleisen können aus Platzmangel gar nicht ausgestellt werden. Eisen und Holz spielen ebenfalls bei der nächsten Station eine Rolle. Über den Schlosshof geht es zu einer Küfer- und einer Schmiedewerkstatt. Ebenfalls zum Museum gehören eine Ziegeleiausstellung und die Kraichgau-Bibliothek.

Handwerkliches Können in vielfältiger Hinsicht war ebenfalls beim Bau der **St. Martinskirche** notwendig. Sie liegt nahe beim Schloss, auf dem Weg zum Bäckereimuseum und zum Zuckerbäckermuseum. Die Kirche ist der höchste Punkt Gochsheims und prägt somit nachhaltig das gesamte Stadtbild. Bereits 1320 stand dort die „Stat Capell". 1499 erhielt das Gotteshaus seinen heutigen Namen. Gleichzeitig wurde mit einem Neubau begonnen. Ein ähnliches bauliches Schicksal erfuhr St. Martin im Jahr 1617: Baumeister Heinrich Schickhard baute ein neues Langschiff. 1689 verwüsteten die Franzosen Gochsheim wie auch die Kirche. Und wieder stand ein Aufbau an. Wenige Jahre nach der neuerlichen Einweihung brannte die Kirche 1739 abermals ab. Doch dann kam sie endlich zur Ruhe. Das 1788 erbaute Langschiff hat bis in die Gegenwart gehalten. So gesehen, können Friedrich August von Württemberg-Neuenstadt und Albertine Sophia Ester von Eberstein getrost in ihrer letzten Ruhestätte, einer Grablege vor dem Altar, bis zum jüngsten Gericht verweilen. Allerdings geriet im Laufe der nachfolgenden Jahre die Grablege zusehends in Vergessenheit. Durch Zufall, beim Bau einer Heizung, wurde sie 1908 wieder entdeckt. Einen Besuch ist die Grablege an solch zentralem Platz vor dem Altar auf jeden Fall wert. Bei dieser Gelegenheit empfiehlt es sich außerdem, die Glasfenster aus den 1960er

Jahren in Augenschein zu nehmen. Sie zeigen Jesus im Garten Gethsemane und die Gleichnisse vom verlorenen Sohn sowie von den klugen und törichten Jungfrauen.

Und nun zu den mehr weltlichen Dingen. Von der Kirche oder dem Schloss aus der Beschilderung folgen – Richtung Zuckerbäckermuseum und Badisches Bäckereimuseum. Beide Museen liegen bergabwärts fast nebeneinander. Das **Bäckereimuseum** befindet sich übrigens im 1880 erbauten Gemeindebackhaus. Schon vor dem Ersten Weltkrieg wurde es allerdings wieder geschlossen. Viele Jahre später, 1978, richtete der Bäckerfachverein Bruchsal das Badische Bäckereimuseum ein. Kernstück der großen Backstube ist der noch immer voll funktionsfähige Holzbackofen. An besonderen Tagen, beispielsweise beim „Gochsheimer Museumsfest", wird in dem Ofen sehr leckeres Brot gebacken. Heute bietet das Museum einen Einblick in die Entwicklung des Bäckereihandwerks.

In der Hinteren Gasse, in einer hoch aufragenden, ehemaligen Scheune, ist das **Deutsche Zuckerbäckermuseum** untergebracht. Der Bauherr des landwirtschaftlichen Gebäudes (1844), Bernhard Käser, war tatsächlich Konditor und Zuckerbäcker. Die Arbeitstechniken der Zuckerbäcker, auch die einer beginnenden Massenproduktion, können im Erdgeschoss unter die Lupe genommen werden: mit Wasserkrafttransmission angetriebene Maschinen zur Bearbeitung von Zuckermassen, Marzipan oder Nougat. Die Geräte sind teilweise gut 100 Jahre alt und stammen aus einem Karlsruher Betrieb. Deutlich filigraner geht es im Obergeschoss des Zuckerbäckermuseums zu. Unter anderem eine große Sammlung historischer Konditorformen von Alexander Pauels erwartet die Besucher. Die Formen spiegeln durchaus den Zeitgeist der einzelnen Jahrzehnte wider.

Mit dem Richtschwert in der Hand ließ sich der Scharfrichter an seinem Haus verewigen.

Nach all den Museumseindrücken empfiehlt sich jetzt ein Spaziergang durch Gochsheim. Zum **Scharfrichterhaus**, dem ältesten Wohnhaus im Städtchen. Es überstand 1689 die verheerenden Brandschatzungen der Franzosen. Zu den Trockenmauern am Fuße des Schlosses: besonders im Frühjahr bietet sich dort ein toller Anblick, wenn alles grünt und blüht. Dann zur ehemaligen Judenschule und Synagoge (Hauptstraße 70). In Auftrag gegeben wurde das Gebäude 1763/64 von Barusch Hirsch Dessauer. Einen Kilometer südlich von Gochsheim liegt der **Judenfriedhof** an der alten Straße nach Flehingen. Und nicht vergessen, die bezaubernde, teilweise landwirtschaftlich geprägte Umgebung von Gochsheim bei einem Spaziergang auf dem ausgeschilderten Rundweg zu erkunden.

21 Gondelsheim – bemerkenswerte Architektur aus dem 19. Jahrhundert

KVV S4 bis Ⓗ „Bretten Bahnhof", dann mit der S9 bis Ⓗ „Gondelsheim Bahnhof". Fahrtdauer ca. 40 min.

Ausgangspunkt unserer Besichtigung von Gondelsheim ist der **Bahnhof**. Dort beginnt übrigens auch ein etwa 1,5 km langer historischer Rundweg. Mitte des 19. Jahrhunderts entstand der schmucke Dorfbahnhof. Wichtiger als das Gebäude selbst dürfte der damit verbundene Anschluss an die große Welt sein, an die Strecke Bruchsal–Stuttgart. 1853 konnten die Gondelsheimer die erste Fahrt einer Dampflok durch ihre Gemeinde bestaunen.

Fast um die gleiche Zeit – 1857 – wurde das **Douglas'sche Schloss** erbaut. Die Architektur des Schlosses ist für die Region eher ungewöhnlich. Beim Anblick der im anglo-schottischen Stil gehaltenen Schlossanlage fühlt sich der Betrachter in das Großbritannien des 19. Jahrhunderts versetzt. Und in der Tat, die Familie des heutigen Schlossbesitzers hat ihren Ursprung in Schottland. Im Dreißigjährigen Krieg wanderte sie nach Schweden aus. Später knüpfte sie enge Kontakte zu Baden, wohin es die Douglas' letztlich dann auch verschlug.

Von der wechselvollen Gondelsheimer Geschichte – von „Gundolfsheim" und dem Eigengut des Zisterzienserklosters Herrenalb über ein Pfandobjekt, das mehrmals für die Schulden adeliger Herrschaften herhalten musste, bis hin zur Eingliederung 1803 in das Großherzogtum Baden – berichtet der südöstlich vom Schloss herausragende **alte Turm**. Dabei handelt es sich keineswegs um die Überreste eines Bergfriedes, sondern um den vormaligen Turm einer Wehrkirche. An den Wänden des Turms befinden sich gotische Fresken aus der Zeit um 1450. Den Brandschatzungen im Laufe der Geschichte trotzte der Turm und ist, um in die Gegenwart zurückzukehren, das älteste erhaltene Gebäude Gondelsheims.

Eine bau- und besonders kulturgeschichtliche Rarität gibt es im weiteren Verlauf des Rundgangs zu bestaunen – die ehemalige **Synagoge**, erbaut 1849 im neoromanischen Stil. Einzig der Umstand, dass sie 1930 an einen Deutschen verkauft wurde, rettete sie in der Pogromnacht 1938 vor dem Zerstörungswahn der Nazis. Verschleppung und Deportation von jüdischen Bürgern gab es ebenfalls in Gondelsheim. Einer von ihnen kehrte nach dem Krieg nach Gondelsheim zurück, Jacob Hecht. Geboren 1879 in der Leitergasse, machte er sich weit über die Region hinaus einen Namen als Großreeder und Wirtschaftsmagnat. 1963 starb der Gondelsheimer Ehrenbürger in Basel. In Gondelsheim selbst liegt Josefine Benz, die ihre letzten Jahre in dem Städtchen verbrachte, begraben. Auf dem Friedhof erinnert an der Friedhofsmauer die Abbildung eines Scherenschnitts an die Mutter des Automobilpioniers Carl Benz.

S11 bis Ⓗ „Langensteinbach St. Barbara". Fahrtdauer ca. 35 min.

Die Nähe zum Schwarzwald ist rund um Karlsbad unverkennbar. Gleich hinter Langensteinbach beginnen die nördlichen Ausläufer der Waldregion. Dorthin, wenigstens in die Nähe, führt uns unser erstes Ausflugsziel – die **St.-Barbara-Kapelle**. Von der Haltestelle „St. Barbara" ist die Kapelle bequem zu erreichen. Sie liegt etwa 700 m in südlicher Richtung von der Haltestelle auf einer Anhöhe. Das Kloster Herrenalb ließ die Kapelle, die schnell zu einem bekannten Wallfahrtsort wurde, im 14. Jahrhundert erbauen. Im Laufe der nachfolgenden Jahrhunderte verlor das Kirchlein an Bedeutung. Die Bevölkerung nutzte es als Steinbruch. St. Barbara löste sich langsam aber sicher auf. Erst 1888 änderte sich die Situation zu Gunsten der Kapelle. Ihre Reste wurden gesichert, und so weit das überhaupt noch möglich war, wurde sie renoviert. Heute bietet St. Barbara in ihrer lauschigen Umgebung dem Besucher Ruhe und Entspannung. Wie eine kleine Insel mitten im Wald, scheinbar fernab vom Rest der hektischen Zivilisation.

Ein verwunschener Ort: die St.-Barbara-Kapelle.

Der Name St. Barbara hatte aber lange Zeit für Langensteinbach noch eine weitere Bedeutung. Die St.-Barbara-Quelle stand im Ruf, Heilwirkung zu haben. Sie wurde vom einfachen Volk genutzt – und von den badischen Markgrafen. 1719 erfuhr Langensteinbach eine deutliche Aufwertung als Markgraf Carl Wilhelm dort ein **Fürstenbad** errichten ließ. Bald schon besuchten Adelige und gut betuchte Bürger Langensteinbach. Der trügerische Glanz der großen weiten Welt zog in die Ortschaft ein. Dazu trug Markgraf Carl Friedrich seinen Teil bei. Langensteinbach wurde für ihn zur Sommerresidenz. Im Schlepptau hatte er den ganzen Badischen Hof. Allzu lange freilich währte das bunte Treiben nicht. Langensteinbach bekam Konkurrenz. Mehr und mehr lief das mondäne Kurbad Baden-Baden der Ortschaft den Rang ab.

Kur und Adel hingegen spielten im Karlsbader Ortsteil Ittersbach kaum eine Rolle. Dafür aber das einfache Volk, von dessen Leben das **Heimatmuseum** erzählt. Von der Haltestelle „Ittersbach Rathaus" liegt es gerade einmal 300 m entfernt; immer Richtung Kirchturm halten. Eine original eingerichtete Wohnstube, eine Küche, ein Schlafraum und eine Ausstellung über Handwerksberufe lassen die „gute alte Zeit" um das 19. Jahrhundert aufleben. Daneben gibt es in der Museumsscheune, im gleichen Gebäude, regelmäßig Kleinkunstveranstaltungen und Kunstausstellungen.

Wer ein Ziel mit Anfang und Ende vor Augen haben möchte, sollte dem **Natur- und Vogellehrpfad** folgen; Haltestelle „St. Barbara", Richtung Klinikum Karlsbad gehen. Möglich ist ebenso der Einstieg in den Lehrpfad von der Haltestelle „Ittersbach Industriegebiet" aus. Los geht es beim Grillplatz „Industriegebiet". Der Lehrpfad führt durch das Landschaftsschutzgebiet „Karlsbader Bachlandschaften". Info- und Bildtafeln entlang des Weges informieren über die heimische Tier- und Pflanzenwelt.

Im Zuge der Gemeindereform 1971 wurden die ehemals selbstständigen Gemeinden Auerbach, Ittersbach, Langensteinbach, Mutschelbach und Spielberg zur Gemeinde Karlsbad zusammengefasst.

Karlsruhe – von der barocken Residenz zur Hauptstadt der Medientechnologie

Wer in Karlsruhe am Marktplatz in die S-Bahn ein- oder umsteigt, sollte es nicht versäumen, vorher einige ausgewählte Highlights der Fächerstadt zu besuchen. Ausführlichere Informationen zu den Sehenswürdigkeiten der Stadt finden Sie in dem ebenfalls im G. Braun Buchverlag erschienenen Buch „Karlsruhe – Der Stadtführer".

Das Herz von Karlsruhe schlägt am **Marktplatz**. Dort ist man im wahrsten Sinne des Wortes mitten in der Fächerstadt. Die evangelische Stadtkirche im Weinbrenner-Stil, sie erinnert an einen griechischen Tempel, dominiert genauso den Platz wie das Rathaus mit seinem Glockenspiel, das vier Mal am Tag ertönt. Zwischen der **Stadtkirche** und dem **Rathaus** hat das **Großherzog-Ludwig-Denkmal** seinen Standort gefunden. Bis zum heutigen Tage steht der Marktplatz für das bürgerliche Selbstbewusstsein der Karlsruher. Über all dem wacht der Gründer von Karlsruhe, Markgraf Karl Wilhelm. Seine letzte Ruhestätte fand er in einer Pyramide – das Karlsruher Wahrzeichen schlechthin. Bis 1807 stand an gleicher Stelle die Konkordienkirche. Sie musste weichen. Keinesfalls aber wollten die damaligen Stadtsöhne ihren Gründungsvater „verlegen". Zunächst schützte eine hölzerne Pyramide die Gruft. 1823/25 wurde sie durch eine steinerne, 6,50 m hohe ersetzt.

Rechts und links vom Marktplatz führt die Kaiserstraße durch die City, die Einkaufsmeile in Karlsruhe. Wenige Schritte nach der Marktplatzkreuzung liegt rechter Hand (östliche Richtung) die **Kleine Kirche** (1773–1776). Sie zählt zu den ältesten Kirchen der Stadt. Vor dem Gotteshaus steht der Knabenbrunnen von Konrad Taucher. Ohnehin stößt der Ausflügler auf teilweise sehenswerte Brunnenanlagen in der Kaiserstraße, wie überhaupt in ganz Karlsruhe. Gehen wir noch einmal die wenigen Schritte zurück zum Marktplatz. Vor der Pyramide stehend (in nördlicher Richtung) fällt der Blick auf das Karlsruher Schloss. Offen, ja einladend präsentiert sich die Schlossanlage. Das **Karlsruher Schloss**, dessen schöner Schloss- und Fasanengarten, gehören längst den Bürgern. Keine Frage, Schloss und Stadt bilden eine Einheit. Sehr

Der blaue Strahl führt direkt von der Staatlichen Majolika-Manufaktur zum Schloss.

Das 1997 eröffnete Zentrum für Kunst und Medientechnologie.

empfehlenswert ist ein Ausflug in den Schlossgarten mit seinem beachtlichen Baumbestand, seinem See und vor allem seinen Grünflächen – betreten und in Beschlag nehmen ausdrücklich erwünscht. Das Schloss beherbergt das **Badische Landesmuseum**, dessen Ausstellungen weit über die Grenzen der Region hinaus bekannt sind.

Badisches Landesmuseum: Sammlungen Antiker Kulturen, der Ur- und Frühgeschichte Badens, Deutschlands und Europas, spätmittelalterlicher Sakralkunst sowie Markgräflich-Badische Sammlungen werden im Schloss gezeigt. Zudem finden wechselnde Sonderausstellungen statt.

Staatliche Kunsthalle: In der Staatlichen Kunsthalle, einem der ältesten und bedeutendsten Museen Deutschlands, sind Werksammlungen deutscher, französischer und niederländischer Malerei aus sieben Jahrhunderten zu sehen. Weitere Attraktionen bilden das Kupferstichkabinett, die größte öffentlich zugängliche Museumsbibliothek Süddeutschlands sowie das älteste deutsche Kindermuseum.

Zentrum für Kunst und Medientechnologie (ZKM): Neue Informations- und Kommunikationstechnologien werden im ZKM in Beziehung zu Kunst, Wissenschaft und Technik gesetzt. Mit dem Museum für Neue Kunst, dem Medienmuseum, dem Institut für Bildmedien, dem Institut für Musik und Akustik, dem Filminstitut sowie dem Institut für Medien und Wirtschaft werden internationale Kooperationen angestrebt und interdisziplinäre Projekte entwickelt.

Staatliches Museum für Naturkunde: Einheimische und exotische Tierarten und Pflanzen werden in den Schausammlungen und im Vivarium des Karlsruher Naturkundemuseums gezeigt.

Museum für Literatur am Oberrhein: Die Geschichte der Literatur am Oberrhein von der Klosterkultur bis hin zur Literatur der Gegenwart wird hier als lebendige Literatur-Präsentation dargestellt.

Badisches Staatstheater: Das Badische Staatstheater Karlsruhe ist die zweitgrößte Bühne Baden-Württembergs. Das vielfältige und breit gefächerte Repertoire des Dreisparten-Hauses führt sowohl klassische als auch Werke aus dem 20. Jahrhundert in seinem Programm.

24 Kraichgau – Wanderungen im „Land der 1000 Hügel"

KVV S32 ab Ⓗ „Karlsruhe Hbf." bis Ⓗ „Gochsheim". Fahrtdauer ca. 40 min. Nach Ubstadt mit der S5 bis Ⓗ „Durlach Bahnhof", dann S31 bis Ⓗ „Ubstadt Uhlandstraße". Fahrtdauer ca. 40 min.

Vier Gemeinden – Gochsheim, Ubstadt-Weiher, Bad Schönborn, Östringen – verbindet ein Wanderweg durch den Kraichgau. Die einzelnen Etappen haben eine Länge von durchschnittlich 15 km und eignen sich Dank ihres geringen Schwierigkeitsgrades auch für ungeübte Wanderer. Es geht durch eine herrliche Landschaft, an Wiesen und Feldern vorbei, durch Wälder und sehenswerte Ortschaften.

Etappe 1: Von Gochsheim nach Ubstadt (14 km)

Gochsheim (siehe Ausflug Nr. 20) soll der Ausgangspunkt unserer Kraichgau-Wanderung sein. Von hier aus geht die Alte Münzesheimer Straße in einen Rad- und Wanderweg über, der durch ein Naturschutzgebiet führt. Unser Weg kreuzt dann **Münzesheim**. Auf der Eppinger Straße biegen wir rechts ab. Die Hinweisschilder deuten auf die Fachklinik Münzesheim (Therapiezentrum) hin, das soll uns aber nicht daran hindern, dort ein besonderes Kleinod zu besuchen – den **asiatischen Garten**. Und es gelingt, die Philosophie eines solchen Gartens zu vermitteln. Wasser gehört dazu, als Symbol des Lebens. Von keinem Punkt des Gartens aus lässt sich die Gesamtanlage überblicken.

Mehr als einen Blick verdienen auch die Fachwerkhäuser im Ort. Hervorzuheben ist die **alte Schmiede** in der Unterdorfstraße, ein zweistöckiges Fachwerkhaus mit vorgebauter Kanzel aus dem Jahr 1684.

Und weiter geht es über einen Radweg nach **Unteröwisheim** (einfach den Schildern folgen). Es empfiehlt sich ein Abstecher zum dortigen **Schloss**, vormals ein Pfleghof des Klosters Maulbronn. Heute befindet sich in dem Schloss das **Lebenshaus** des CVJM Baden. Unterhalb des Schlosses liegt das postmoderne Gebäude der **Ursula-Blickle-Stiftung**, die von Ursula Blickle 1991 gegründet wurde. Sie ist eine Plattform für junge zeitgenössische Kunst, für junge Künstler und Kuratoren. Impressionen von den vielfältigen Arbeiten vermitteln regelmäßige Kunstausstellungen. So und jetzt ab in Richtung Ubstadt über den Rad- und Wanderweg. Beim Kraichtaler Hof überqueren wir rechts den Bahnübergang und den Kraichbach. Nach der Brücke links abbiegen in die Straße „Am Gaisberg", dann den Ort verlassen. Über die Altenbergstraße erreichen wir Ubstadt. Hier gibt es die Möglichkeit, von der Haltestelle Uhlandstraße mit der S-Bahn Richtung Karlsruhe zurückzufahren.

Etappe 2: Von Ubstadt nach Bad Schönborn (13 km)

Zwischen Ubstadt und Weiher liegt das **Freizeitzentrum Hardtsee**. Auf stattliche 70 ha bringt es das Zentrum mit Strand, weitläufigen Liege- und Spielwiesen, Beachvolleyball-Feldern, Streetball, Gaststättenbetrieb und einem Campingplatz.

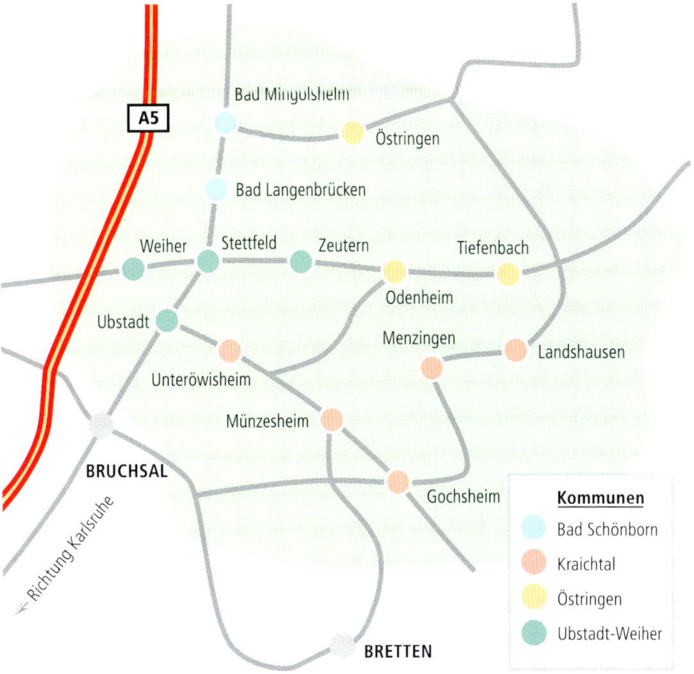

Feucht fröhlich könnte es auf der ersten Touretappe werden – im Weindorf **Zeutern**. Zuvor geht es in Ubstadt auf dem Radweg am Bienenlehrstand vorbei. Bald schon künden die Weinberge am Wegesrand vom guten Tropfen der Region. Wir erreichen Zeutern über den Kallenberger Weg. Vieles über den Weinanbau und über die typischen Hohlwege erfährt der Ausflügler auf einem gleichnamigen Lehrpfad. Ein Hohlweg mit seiner Pflanzen- und Tierwelt ist eine spannende Angelegenheit. Eine tolle Aussicht erwartet den Ausflügler vom **Zeutener Himmelreich** aus. Genügend Muße sollte bleiben, die **St. Martinskirche** mit ihren Wandmalereien anzuschauen. Die Malereien stammen aus der vormaligen gotischen Kirche. Aufmerksamkeit verdienen obendrein eine Ölberggruppe an der Außenwand des Gotteshauses sowie ein Bildstock aus dem Jahr 1520. Dass Wein und Musik irgendwie zusammengehören, wird in Zeutern schnell deutlich. In einem Fachwerkhaus von 1568 ist die Musik- und Kunstschule untergebracht.

Und nun zu den Römern nach **Stettfeld** – zum dortigen **Römermuseum**. Über den Katzbach geht es bis zur Wiesenstraße. Von hier führt nach links ein ausgeschilderter Radweg Richtung Stettfeld. 1980 brach in der Ortschaft regelrecht das Ausgrabungsfieber aus. Viele der Fundstücke sind heute im Museum ausgestellt. Überdies erwartet die Besucher eine regelmäßige Sonderausstellung. Im Anschluss an die Besichtigung bietet sich eine kleine Ruhepause auf dem **Marcellusplatz** (gleich beim Museum) an, um den historischen Stadtkern Stettfelds auf sich wirken zu lassen.

Ein römischer Meilenstein aus dem Kraichgau ziert den Eingang des Römermuseums in Stettfeld.

Ausgeruht führt uns nun der Schritt nach **Bad Langenbrücken** (Bad Schönborn). Wir folgen dem Kraichgau-Weg Richtung Bad Schönborn und erreichen Langenbrücken über die Kolpingstraße. Diesmal sind es nicht die Römer, die unsere Aufmerksamkeit erregen, sondern die Parabutscher Donauschwaben (Gemeinde Parabutsch, gegründet 1786 im „Zweistromland" zwischen Donau und Theiß). Die Ausstellung im **Bürgerhaus** – Exponate, Trachten und Modelle – dokumentiert die Geschichte und Kultur der Parabutscher.

Ein geologisches Naturdenkmal kann an der Zeutener Straße besichtigt werden. Es handelt sich um eine **Posidonienschiefergrube**. Posidonienschiefer ist ein bitumenreicher Schiefer, in dem Muscheln, Ammoniten oder sogar Überreste von Sauriern enthalten sein können.

Eine angenehme und erholsame Zeit erwartet Sie im Thermal-Sole-Bewegungsbad **Sigel-Therme** Langenbrücken oder im Kurpark.

Im Kurzentrum in **Bad Mingolsheim** (am Ende der Kolpingstraße in die Franz-Peter-Sigel-Straße abbiegen und weiter Richtung Mingolsheim gehen) lädt das **Thermarium** zu Wellness und Gesundheit „unter einem Dach" ein. Und natürlich gehören ein weitläufiger Kurpark und gepflegte Grünanlagen zu der Ortschaft. Sogar eine kleine Einkaufszone rund um den **Marktplatz** gibt es in Mingolsheim. Ein Blickfang ist dort die Skulptur **Der Wagenlenker** von Jürgen Goertz. Etwas andere Kunstwerke trifft man im **Puppenmuseum** Bad Schönborn-Mingolsheim in der Monestraße an. Das Puppenmuseum ist in einem 1759 erbauten, liebevoll restaurierten Fachwerkhaus untergebracht. Die Sammlung umfasst Käthe-Kruse-Puppen, Schildkröt-Puppen sowie Charakterpuppen der Firma Kämmer & Reinhardt und vieles mehr. Um einiges „lebendiger" als bei den Puppen dürfte es im **Kleintierpark** in der Kraichgaustraße zugehen. Täglich hat der Park mit seinen einheimischen Tieren, von Schafen über Ziegen bis zu Enten und Gänsen, geöffnet.

Etappe 3: Von Bad Schönborn bis Tiefenbach (17 km)

Bevor wir den Kurort verlassen, lohnt sich ein Abstecher zum **Haus des Gastes**, unmittelbar am Kurpark gelegen. Hier erfahren Sie mehr über Bad Schönborn und seine Freizeit- und Ausflugsmöglichkeiten. Am Ortsende von Bad Schönborn folgen wir dem Radweg Richtung **Östringen**. Dort angekommen, fällt zunächst einmal die Pfarrkirche **St. Cäcilia** ins Auge. Wegen

Die Kirche St. Cäcilia in Östringen wird im Volksmund „Dom des Kraichgaus" genannt.

ihrer beachtlichen Dimensionen wird die 1895 gebaute neuromanische Kirche im Volksmund als der „Dom des Kraichgaus" bezeichnet. Zusammen mit dem ebenfalls aus gelbem Sandstein errichteten **Rathaus** bildet sie mit dem Kirchplatz das Herz der Ortschaft. Einiges über die Geschichte von Östringen mit seinen Stadtteilen Odenheim, Eichelberg und Tiefenbach erfährt man im **Heimatmuseum Östringen** auf der Hauptstraße. Mineralien und Fossilien aus dem vorderen Kraichgau sind in dem Museum ebenso ausgestellt wie eine Fotodokumentation, Zeugnisse der Volksfrömmigkeit und Alltagsgegenstände vergangener Zeiten.

Enten beleben den Kirchenvorplatz.

Einem bekannten Sohn der Gemeinde, dem Künstler Gustav Wolf (1887–1947), widmet sich eine ständige Ausstellung in der **Gustav-Wolf-Kunstgalerie** am Leiberg. Sehenswert sind besonders die Holzschnitte und Druckgraphiken des vielseitigen Künstlers, einem Privatschüler von Hans Thoma.

Bei der nächsten Station **Odenheim** begegnet uns der wohl bekannteste deutsche Held: Siegfried. Möglicherweise könnte in Odenheim beim **Siegfriedsbrunnen** der fast unverwundbare Recke von Hagen den Todesstoß versetzt bekommen haben. Als nicht weniger Fantasie anregend dürfte sich ein Spaziergang zum **Stifterhof** erweisen – zu den Überresten der im 12. Jahrhundert entstandenen ehemaligen Klosteranlage Wigoldesberg. Pflicht ist dabei eine Zwischenstation bei der reizvollen, spätbarocken **Pfarrkirche St. Michael**.

Die Weinlaune, wenigstens die Vorfreude darauf, lenkt uns in Richtung **Tiefenbach**. Neben Wein und einem Golfplatz hat der hübsche Weinort ein besonderes Naturkleinod zu bieten, das Naherholungsgebiet **Kreuzbergsee**.

Übrigens, der Ort lohnt sich auch als Tagesausflug für sich. Am See gibt es etliche Möglichkeiten, sich aktiv oder eher ruhig zu entspannen. Einen herrlichen Fernblick hat man von der **Kreuzbergkapelle** aus. Und wer des Wanderns noch immer nicht müde ist, kann dem **Obst-, Wein- und Waldlehrpfad** folgen.

Etappe 4: Von Tiefenbach nach Gochsheim (15 km)

Tiefenbach lassen wir hinter uns und marschieren Richtung **Landshausen**, einem beschaulichen Stadtteil von Kraichtal. Der Weg führt am Friedhof vorbei, an der Friedhofkapelle und ihrer mächtigen Linde. Dann geht es weiter auf der Bandhausstraße nach **Menzingen**. Wenngleich die Wasserschlossruine nicht unmittelbar auf unserem Weg liegt, empfiehlt sich trotzdem ein Abstecher dorthin; bei der **Schwanenburg** links in die Heilbronner Straße abbiegen, die Obere Schlossstraße hinuntergehen und rechts in die Untere Schlossstraße einbiegen. Noch ein Wort zur Schwanenburg. Erbaut wurde sie 1565 im Renaissancestil. Sie dient noch heute den Freiherren von Mentzingen als Wohnsitz.

Noch heute bewohnen die Freiherren von Mentzingen die Schwanenburg.

Und nun, wie versprochen, zum **Wasserschloss**. Es entstand zwischen 1529 und 1539. Am 2. April 1945 legten alliierte Bomber das strategisch unbedeutende Schloss in Schutt und Asche. Mit etwas Fantasie kann man erahnen, wie das Schloss in besseren Tagen ausgesehen haben mag.

So, langsam nähern wir uns wieder dem Ausgangspunkt unserer Wanderung – Gochsheim.

Morbider Charme: das Wasserschloss Menzingen im Abendlicht.

Kuppenheim – mittelalterliche Stadt und barocke Sommerresidenz 25

S31/S32, S4/S41 oder R4 ab Ⓗ „Karlsruhe Hbf." bis Ⓗ „Rastatt", von hier weiter mit dem BUS **240, 241** oder **243** bis Ⓗ „Kuppenheim Rathaus". Fahrtdauer ca. 60 min. Zum Schloss Favorite ab Ⓗ „Rastatt" mit dem BUS **241** bis Ⓗ „Kuppenheim/Abzw. Favorite". Fahrtdauer ca. 60 min, Fußweg ca. 30 min.

Eine schmucke Altstadt mit Stadtmauer sowie Stadtgraben und eine architektonisch gesehen „mächtige" Kirche erwarten die Ausflügler in Kuppenheim. Ein landschaftliches Kleinod zwischen den Hängen des Nordschwarzwalds und der Rheinebene. Mitten hindurch fließt die Murg.

Besonders sehenswert ist die **Altstadt**; Haltestelle Kuppenheim, von dort mit dem Bus oder am besten zu Fuß auf dem ausgeschilderten „historischen Stadtrundgang" Richtung Innenstadt. Der Ortskern wird dominiert von der Pfarrkirche St. Sebastian. Es geht durch enge Gässchen, vorbei an gut erhaltenen Teilen der früheren Stadtmauer und des Stadtgrabens. Historische Brunnen, das alte Rathaus und das älteste in Stein gehauene Badische Wappen sind bis heute Zeugnisse der vormals großen Bedeutung Kuppenheims für den mittelbadischen Raum. Im Laufe seiner 900-jährigen Geschichte bekam die Ortschaft das Markt- und Stadtrecht zugesprochen und wurde unter der Herrschaft der Markgrafen von Baden Amtsstadt (1453), ab 1535 sogar Kreisamt, in dessen Verwaltungsbezirk 22 Dörfer von Durmersheim bis Gaggenau lagen. Wie viele andere Orte in Mittelbaden wurde auch Kuppenheim in mehreren Kriegen verwüstet. Im Pfälzischen Erbfolgekrieg 1689 brannten die Franzosen Kuppenheim nieder. Dabei trug die **Pfarrkirche St. Sebastian** große Schäden davon. 1806 kam es durch einen Großbrand erneut zu Rückschlägen. 1810 wurde der Grundstein für eine neue Kirche gelegt. 1902 erfolgte die Grundsteinlegung der jetzigen Kirche. Am 1. Juli 1905 wurde sie eingeweiht. St. Sebastian präsentiert sich dem heutigen Betrachter sehr imposant. Das liegt besonders an den farbigen Fenstern in den Seitenschiffen und nicht zuletzt an dem Hochaltar.

Kahle Äste erlauben einen freien Blick auf den Turm der Pfarrkirche St. Sebastian.

Kunst spielt auch die Hauptrolle in der privaten **Bilderhalle Grochowiak**; Rheinstraße 31, von Haltestelle Kuppenheim Richtung Schloss Favorite. Zu sehen sind in der Bilderhalle die Arbeiten des international anerkannten

Künstlers Thomas Grochowiak – vom Realismus bis zur „informellen Kunst". Der Künstler geht dabei nicht von der Realität aus, sondern von seinen Vorstellungen. Die Bilderhalle öffnet einmal im Monat ihre Pforten oder nach Vereinbarung.

Der Bernhardusbrunnen ziert den Großen Platz vor dem Rathaus, das 2002 fertig gestellt wurde.

Bis 1933 prägten auch jüdische Mitbürger über viele Jahrzehnte das alltägliche Leben und die Geschichte der Stadt mit. An die Juden in Kuppenheim erinnert der Platz, an dem die ehemalige Synagoge stand. Er soll ebenso Mahnmal sein. Ein unmittelbares Zeugnis der jüdischen Vergangenheit legt der gut erhaltene (jüdische) **Zentralfriedhof** ab. Der Friedhof befindet sich am Eingang zum Stadtwald; von der Haltestelle Kuppenheim mit dem Bus zur Haltestelle Rathaus, von da zu Fuß Richtung Schützenhaus. Allerdings ist der Zentralfriedhof geschlossen. Besichtigungen sind dennoch möglich nach telefonischer Anfrage bei der Gemeindeverwaltung.

Ausflugstipp Das Familienbad **„Cuppamare"** verfügt über ein Feibad mit 30 000 m² Liegewiese, ein Hallenbad, einen Saunabereich und ein Bistro.

Wie wäre es jetzt noch mit einem größeren Spaziergang oder sogar einer Wanderung? Beispielsweise durch das **Fichtental** mit seinen saftigen Waldwiesen, dem klaren Krebsbach – eine Landschaft zum Genießen. Es gibt etliche (Rund-)Wanderwege in der Umgebung. Als Ausgangspunkt bietet sich die große, allerdings stationäre Wanderkarte von Kuppenheim an; Richtung Friedhof und dann weiter Richtung Baden-Baden.

Schloss Favorite im Winterschlaf. Hier wird die symmetrische Barockarchitektur besonders deutlich.

Kulturtipp Zauberschloss, Jagdschloss, Lustschloss oder Sommerresidenz, egal wie man **Schloss Favorite** auch benennen mag, zutreffen könnten alle Bezeichnungen. Die Witwe des Türkenlouis, Markgräfin Sibylla Augusta (1665–1733), beauftragte 1710 den aus ihrer Heimat stammenden böhmischen Baumeister Michael Ludwig Rohrer mit dem Bau der Anlage. Das Schloss Favorite ist das älteste und einzige in seiner ursprünglichen Form erhalten gebliebene deutsche „Porzellanschloss". Sibylla Augusta sammelte leidenschaftlich das kostbare Gut. Heute verfügt das Schloss über eine Porzellansammlung von Weltrang. Zerbrechlich und doch in seinen Grundfesten unerschütterlich baut sich das Schloss vor dem Betrachter auf. Die Zeit scheint in dem Barockschlösschen stehen geblieben zu sein. Weniger Prunk beladen, dafür aber nicht minder sehenswert, präsentiert sich der **Schlosspark** mit seiner Orangerie. Ursprünglich war er nach Versailler Vorbild angelegt. Später wurde daraus ein englischer Garten. Etwas abseits vom Schloss liegt eine zunächst unscheinbar anmutende Kapelle, die **Magdalenenkapelle**. Dorthin soll sich die gläubige Markgräfin regelmäßig zurückgezogen haben, um Buße zu tun. Ganz alleine mit den lebensgroßen Wachsfiguren der „Jesus-Familie".

26 Malsch – Gemeinde am Fuße des Schwarzwaldes

KVV S4 bis Ⓗ „Karlsruhe Hbf.", dann S31 oder S32 bis Ⓗ „Malsch". Fahrtdauer ca. 30 min.

Über eine eintönige Landschaft auf ihrer Gemeindegemarkung können sich die Malscher nun wirklich nicht beklagen. Malsch liegt am Fuße des Schwarzwaldes und am Rande der Oberrheinischen Tiefebene. Das Gefühl, bald schon mitten im Schwarzwald zu sein, macht sich vor allem im Höhenortsteil Völkersbach bemerkbar. In die Höhe muss es allerdings nicht gleich gehen, um die Gemeinde etwas näher kennenzulernen. Beginnen wir bei der **Stadtmühle Malsch**. Von der S-Bahn gehen wir Richtung Ortsmitte.

Das unterschlächtige Mühlrad der Stadtmühle Malsch liefert heute wieder Energie. Auf einer Anzeigetafel kann die momentane Leistung in Watt abgelesen werden.

Erstmals erwähnt wurde eine Mühle an der heutigen Stelle im Jahr 1470. Bis ins frühe 16. Jahrhundert hinein gehörte der Betrieb dem Kloster Herrenalb, danach für einige Jahrzehnte den Markgrafen. 1601 übernahm Wendel Gräßer die Mühle. 280 Jahre blieb sie fast ununterbrochen im Besitz der Familie. Mitte der 1980er Jahre kam das Aus für die Stadtmühle – aber nicht das endgültige. Die Mühle wurde restauriert, unter anderem auch das gebrochene Wasserrad. Sogar das Mahlwerk ist noch voll funktionsfähig und lässt sich heutzutage, wie die gesamte historische Mühle, besichtigen.

Ein Kleinod erwartet den Besucher etwas außerhalb von Malsch (Richtung Völkersbach über den Kaufmannsbrunnenweg). Der Maler Karl Stockmeyer entwarf Anfang des 20. Jahrhunderts einen **Modellbau** für ein Goetheanum nach Rudolf Steiner (1861–1925), dem Begründer der Anthroposophie. Stockmeyer berücksichtigte dabei genau Steiners Angaben und Vorstellungen. Am Ende entstand ein begehbares Modell mit Planetensäulen aus Eichenholz und einem symmetrisch aufgebauten elliptischen Kuppelraum.

Das **Schindlerhaus**, benannt nach dem Maler Theodor Schindler (1870–1950), liegt in einer idyllischen Landschaft zwischen Wiesen und Obstbäumen. Ausgestellt sind dort zahlreichen Arbeiten des vielseitigen Künstlers.

Dem Schneiderhandwerk hat der Heimatverein in Völkersbach ein kleines Denkmal gesetzt. Die Ausstellung der **Schneiderstube Völkersbach** erinnert an die zahlreichen Schneiderwerkstätten, die es lange in Völkersbach gab. Über vier Generationen und zwei Weltkriege hinweg prägte der Handwerkszweig das Dorf auf der Albtalhochfläche. Viele Bauernfamilien sicherten sich mit dem Nebenerwerb, mit der Heimarbeit, ihre Existenz.

27 Marxzell und Marxzell-Frauenalb – Kloster- und Technikgeschichte im Albtal

KVV S1 bis Ⓗ „Marxzell" oder Ⓗ „Frauenalb Schielberg". Fahrtdauer ca. 40 min.

Wenige Schritte entfernt von der Haltestelle Marxzell liegt das **Fahrzeug-Museum Marxzell**. Untergebracht ist es in einer alten Mühle, an die im Laufe der Jahre etliche Quadratmeter Ausstellungsfläche angebaut wurden. 1968 begann das private Museumsunternehmen Marxzell. Ursprünglich wollten es die Gründer Bernhard und Klara Reichert in Karlsruhe ansiedeln. Indes, es gab in der Fächerstadt keinen Platz dafür. Dicht gedrängt stehen die Exponate nebeneinander. Absperrungen gibt es so gut wie keine. Unmittelbarer kann ein Museum kaum sein. Aus ganz Europa, ja aus Übersee kommen Oldtimer-Fans nach Marxzell.

Eine wahre Fundgrube für alle Motorbegeisterten ist das Fahrzeug-Museum in Marxzell.

Die **Klosterruine Frauenalb** hat eine beruhigende Wirkung auf den Betrachter. Wenige Meter von der Ruine entfernt schlängelt sich die Alb durch das Tal. Im Hintergrund erheben sich die Ausläufer des Schwarzwaldes. Und genau dazwischen liegen die Überreste eines vormals mächtigen Klosters. Mit etwas Fantasie lässt sich erahnen, wie es vor Hunderten von Jahren dort ausgesehen haben mag. Noch heute ragen die beiden Türme der Klosterkirche weit über die Klosteranlage hinaus.

Vor allem die Klosterkirche, als solche deutlich erkennbar, prägt das Bild der Klosteranlage. An die Konventgebäude erinnern lediglich Grundrisse. Gut erhalten, wenngleich im Laufe der Jahre bautechnisch verändert, ist das Abteigebäude. Heute sind dort Wohnungen eingebaut. Ähnliches gilt für das Nachtwächterhäuschen und die Wirtschaftsgebäude, deren gotische Türgewände teilweise noch sichtbar sind. Die Wirren der Zeit hat ebenfalls das Gartenhaus der letzten Äbtissin von Frauenalb, Maria Gertrud von Ichtratzheim, überstanden. Genauso wie die ehemalige Klosterwirtschaft „Strauss" aus dem 18. Jahrhundert. Richtig spannend wird es beim Gang ins Gewölbe unter der Kirche. Hier ist allerdings eine vorherige Anmeldung erforderlich. Der Zugang ist normalerweise verschlossen.

In den Jahren 1180/1185 stifteten Graf Eberhard III. von Eberstein und seine Mutter Uta, Herzogin von Schauenburg, das Benediktinerkloster Frauenalb. Nur adelige Töchter durften in das Kloster eintreten. Relativ schnell erlangte es eine beachtliche Bedeutung. Und zwar nicht nur im geistlichen Sinne. Das Klostergebiet erstreckte sich über ein Gebiet von neun Dörfern: Schielberg, Burbach, Pfaffenrot, Völkersbach, Spessart, Sulzbach, Unterniebels-

Stimmungsvolle Beleuchtung der Ruine des ehemaligen Klosters Frauenalb.

bach, Ersingen und Bilfingen. Und nicht zu vergessen die fünf Eigenhöfe der frommen Frauen; darunter der Metzlinschwander Hof. Von 1250 bis etwa 1350 erlebte das Kloster Frauenalb seine Blütezeit. Langsam schwand der Einfluss der Stifterfamilie, die Markgrafen von Baden machten zudem Rechte geltend, und Pestepidemien lösten (agrar-)wirtschaftliche Krisen aus. Auch blieb das Kloster nicht von den kriegerischen Auseinandersetzungen zwischen Baden und König Ruprecht von der Pfalz verschont. 1403 wurde es gar niedergebrannt. Fast noch härter – sofern das überhaupt möglich ist – trafen das Kloster der nächste Brand im Jahr 1508 und vor allem der Bauernkrieg sowie die Auswirkungen der Reformation. 1598 kam dann das vorläufige Aus für das Kloster.

30 Jahre lag es brach – bis zum Restitutionsedikt aus dem Jahr 1629. Ungeachtet der Zwistigkeiten gelang es tatkräftigen Äbtissinnen, das Kloster in der zweiten Hälfte des 17. Jahrhunderts und im 18. Jahrhundert zu neuer Blüte zu führen. Und es wurde gebaut: ein neuer Konventsbau und der Neubau der Kirche unter Leitung von Baumeister Peter Thumb. Durch ihn erhielt das Kloster seine barocke Gestalt.

1771 fiel Frauenalb unter die Schirmherrschaft von Baden-Durlach, 1803 wurde es säkularisiert: Alles, samt Kircheninventar, geriet unter den Hammer. Sogar die Kirche wurde offiziell entweiht. Erst fand in dem ehemaligen Kloster eine Lackwarenfabrik Platz, anschließend eine Spinnmaschinenfabrik und ab 1810 eine Woll- und Tuchmanufaktur. Damit nicht genug. Aus „betriebsrelevanten" Gründen rissen die neuen Nutzer ganze Teile des Klosters ab. 1830 fiel die Anlage einem Brand zum Opfer. Eine Karlsruher Aktiengesellschaft kaufte die Reste des Klosters, um dort eine Brauerei zu errichten. Allerdings regierten Hopfen und Malz nicht lange Frauenalb. Zwei Brände vernichteten die Brauerei. Jahrzehntelang dümpelte die Klosterruine, nun im Privatbesitz, vor sich hin. Bis sich die Menschen wieder an diesen geschichtsträchtigen Ort erinnerten und begannen, ihn herzurichten.

28 Maulbronn – Zisterzienserklosterund Weltkulturerbe

KVV

S4 bis Ⓗ „Bretten Bahnhof", dann mit dem BUS 700 bis Ⓗ „Maulbronn Altes Stadtbad". Fahrtdauer ca. 70 min. Mai–Oktober jeden Sonn- und Feiertag mit dem Klosterstadt-Express ab Ⓗ „Pforzheim Hbf." direkt zum Kloster Maulbronn. Nach Knittlingen von Ⓗ „Bretten Bahnhof" mit BUS 700 bis Ⓗ „Knittlingen Kleinvillars", Fahrtdauer ca. 50 min.

Sie gilt als die am besten erhaltene und somit eindrucksvollste Klosteranlage des Mittelalters nördlich der Alpen – das **Kloster Maulbronn**. 1993 wurde es in die UNESCO-Liste des Weltkulturerbes aufgenommen. Über einen großen Hof, an dessen Seiten die dem Kloster angeschlossenen Wirtschaftsgebäude stehen (mit erklärenden Infotafeln), nähert man sich dem Bauwerk. Obwohl das Gemäuer gut 850 Jahre alt ist, präsentiert es sich in einer sehr lebendigen Form.

Das Kloster Maulbronn ist auf jeden Fall eine Reise wert.

Der Blick fällt auf den Arkadengang, wandert weiter nach rechts zum Paradies, hält kurz an der Silhouette der Klosterkirche fest, um sich dann zur linken Seite zu wenden, zur Fassade des Laienrefektoriums. An der rechten Seite des Klosterhofes befindet sich die Kasse. Durch den Ern (Flur) des Klosters führt der Weg direkt zum Kreuzgang. Abgesehen von der Klosterkirche ist er die (bauliche) Seele des Maulbronner Klosters. Hier also wandelten vor Hunderten von Jahren die Mönche, zumeist in stilles Gebet vertieft. Sprechen durften sie nur zu bestimmten Zeiten, an einem bestimmten Ort, im *Parlatorium*.

In der Abgeschiedenheit des Salzachtals begannen im Jahre 1147 zwölf Mönche aus dem Elsass und einige Laienbrüder mit dem Bau des Klosters.

Es waren **Zisterzienser**, ein Zweig des benediktinischen Mönchtums, 1098 in Cîteaux (Burgund) gegründet als Reformorden gegen das inzwischen politische, machtbewusste und prunksüchtige Cluny. Der Name Zisterzienser wird abgeleitet von ihrem Gründungskloster in Cîteaux, lateinisch *Cistercium*. Ein passendes Gelände für ihr Kloster fanden sie in Maulbronn vor – abgeschieden und an einem Bach, der Salzach. Den Grund und Boden stellte ihnen Bischof Gunther von Speyer zur Verfügung.

Das Kloster Maulbronn gehörte zu der vom Mutterkloster Morimond ausgehenden Linie. Klar definiert waren die baulichen Vorgaben. Die Architektur eines Zisterzienserklosters soll sich am Tagesablauf der Mönche orientieren. Die Ordensregeln wiederum bestimmen den Tagesablauf. So bilden die Konventsgebäude – *Refektorium* (Speisesaal), *Dormitorium* (Schlafräume) und *Skriptorium* (Bibliothek/Schreibsaal) – und die Kirche, mit dem Kreuzgang, eine Einheit. Rechtwinklig zur Kirche und zum Kreuzgang liegen die Konventsgebäude.

Die Mönche waren in den Jahrzehnten nach der Gründung sehr fleißig. Besonders die Laienbrüder (Konversen) arbeiteten hart. Schnell wandelte sich die angestrebte „Armut in Abgeschiedenheit" zu Produktionsüberschüssen. Das dadurch verdiente Geld, erwirtschaftet durch Warenverkäufe, investierten die Mönche. Sie kauften Gelände hinzu und begannen, es zu bewirtschaften. Wie florierend die Mönche ihre Wirtschaft betrieben, belegt bis zum heutigen Tag ein Blick auf die stattlichen Wirtschaftsgebäude im Klosterhof und auf die regelmäßigen Bautätigkeiten in der Klosteranlage. So ziemlich alle Phasen von der Romanik bis zur Spätgotik können im Kloster bestaunt werden. Seit dem 15. Jahrhundert weist die 1178 geweihte, dreischiffige romanische Pfeilerbasilika spätgotische Einwölbungen auf. Sehen lassen können sich ebenfalls das spätgotische Chorgestühl aus der Zeit um 1450 oder auch ein Dreisitz, auf welchem der Priester und seine beiden Diakone während der Messe sitzen konnten. Der Chorraum, in dem sich nur die geweihten Mönche aufhalten durften, wird vom Kirchenschiff durch die Chorschranke, den Lettner, getrennt.

Die Geschichte der Zisterzienser in Maulbronn endete nach 409 Jahren. 1504 marschierte der Württemberger Herzog Ulrich in Maulbronn ein. Und dann erst das Jahr 1534. Reformation! Der Abt und seine Mönche flohen ins Elsass. Württemberger nahmen das Kloster in Besitz und begannen zu bauen – einen Fruchtkasten, den Marstall und das herzogliche Jagdchloss. Zudem gründete Herzog Christoph 1556 dort eine Klosterschule. Im 19. Jahrhundert wurde sie umbenannt und trug fortan (bis heute) die Bezeichnung „Evangelisch-theologisches Seminar". Zahlreiche bekannte Persönlichkeiten drückten in Maulbronn die Schulbank: Johannes Kepler von 1586–1589, der seinen Namen im Chorgestühl der Mönche verewigte, Friedrich Hölderlin von 1786–1788, der seinen Namen „Hölder" an der Nordwand des Paradieses einritzte, oder Hermann Hesse von 1891–1892. Hesse beendete seine Schulzeit in Maulbronn vorzeitig. Er floh. Kepler fand es in der Klosterschule ebenfalls alles andere als erbaulich. Mit einigem Schaudern erinnerte er sich später an seine dortige Schulzeit zurück: „1586 habe ich Hartes erduldet und wäre vor Sorge fast verzehrt worden." Auch Hölderlin litt. Auf die Frage wie er Maulbronn empfunden hatte, antwortete er kurz und bündig: „Eng".

Ein weiterer bekannter Mann, **Dr. Johannes Faustus**, soll der Legende nach außerdem in Maulbronn gewirkt haben. Der Alchemist, heißt es, kam in das Kloster, um dort im Auftrage des damaligen Abts „Gold zu machen". Seine Wohnstube soll sich im heutigen Faust-Turm befunden haben. Der Turm liegt, von der Klostervorderseite aus gesehen, an der rechten Seite des Klostergartens. Mehr über Faust gibt es in Knittlingen zu erfahren – im Faust-Museum.

Kulturtipp Die Stadt Knittlingen liegt zwischen Bretten und Maulbronn und ist möglicherweise der Geburtsort des Dr. Faust. Seit 1980 kann im alten Rathaus das **Faust-Museum** besichtigt werden, wo unter anderem Dokumente über die um 1480 geborene historische Person des Dr. Faust ausgestellt sind, ebenso wie literarische Interpretationen von Johann Wolfgang von Goethe oder Thomas Mann und Volksbücher, die sich des Themas angenommen haben. Im **Faust-Archiv** befinden sich eine Bibliothek und Sonderausstellungen zum Faust-Thema.

Der berühmte dreischalige Brunnen ist das beliebteste Fotomotiv im Kloster Maulbronn.

Und nun noch die berühmteste Sehenswürdigkeit des Klosters – das Lavatorium, das **Brunnenhaus**. Der Brunnen ist das Wahrzeichen von Maulbronn und dürfte zu den meistfotografierten Brunnen überhaupt zählen. Das Brunnenhaus selbst wurde um 1340 gebaut. Die große untere Brunnenschale stammt aus dieser Zeit. Erst 1878 kam die mittlere Schale mit stilisierten Löwenköpfen hinzu. Bei dem Brunnen handelt es sich aber nicht um ein Original, sondern um eine Rekonstruktion aus dem 19. Jahrhundert.

Der Steinhauerkunst, die beim Bau und der Erweiterung des Klosters eine entscheidende Rolle spielt, widmet sich das Dorfmuseum **Steinhauerstube** im alten Rathaus von Maulbronn-Schmie.

29 Mühlacker – größte Stadt des Enzkreises

KVV S4 bis Ⓗ „Bretten Bahnhof“, dann mit der S9 bis Ⓗ „Mühlacker Bahnhof“. Fahrtdauer ca. 50 min.

Vor gar nicht langer Zeit gingen die Uhren im Badischen und Württembergischen tatsächlich anders – wenn auch nur mit einer Differenz von drei Minuten. Davon kündet jener Ort, von dem aus die Tour durchs württembergische Mühlacker beginnen kann: der Bahnhof. Und was fällt da (sofort?) auf? Die Bezeichnungen der Bahngleise. Da gibt es den Bahnsteig 50 sowie die Bahnsteige 1 bis 3. Vormals hielten die aus dem Badischen kommenden Züge auf den „50er Gleisen“. Heute erinnert lediglich noch ein Gleis daran. Längst zur eisenbahngeschichtlichen Vergangenheit gehören ebenfalls die unterschiedlichen Zeiten, die durch die einheitliche „mitteleuropäische Zeit“ ersetzt wurden. Bis 1892 tickten die Uhren freilich anders. Hier die Karlsruher Zeit, dort die Stuttgarter Zeit – der Unterschied betrug eben drei Minuten.

Ohnehin spielte die Bahn für das heutige Mühlacker eine gewichtige Rolle. Vor 150 Jahren kam die Bahn in das bis dato eher verschlafene Dorf. Die Anbindung an die Schienenwelt führte in Mühlacker zu einer regelrechten wirtschaftlichen Explosion. Aus dem „Anhängsel“ von Dürrmenz, das inzwischen Ortsteil von Mühlacker ist, wurde ein Industriestandort im Enztal. Und Mühlacker darf durchaus als eine junge Stadt bezeichnet werden. Vor 79 Jahren erhielt man hier das Stadtrecht. Der Boom, den die Eisenbahn auslöste, lässt sich mit einem ins Wasser geworfenen Stein vergleichen: Er zieht immer weitere Kreise, in diesem Falle sichtbar an der Bebauung. Teilweise recht sachlich, mehr pragmatischen Vorgaben gehorchend, ging es in den vergangenen Jahrzehnten dabei zu. Das belegt ein Spaziergang über die Bahnhofstraße, der „Einkaufsmeile“ der Stadt. Die Bahnhofstraße führt zum Kelterplatz, das Herz der Großen Kreisstadt. Hier finden sich das Rat-

Blick auf Heimatmuseum und Kelterplatz.

haus, erbaut nach dem Motto „klotzen, statt kleckern", die frühere Stadthalle, über deren weitere Nutzung alles andere als Klarheit herrscht, hier findet sich ein Café, ein Restaurant und es finden sich Fachwerkhäuser, in einem besonders sehenswerten ist das Heimatmuseum untergebracht. All das zusammengenommen bildet ein ansehnliches Ensemble, das fast alle Seiten von Mühlacker zu Tage fördert: ein Wechselspiel zwischen Gegenwart und Vergangenheit, zwischen Dorf und Stadt, zwischen Beschaulichkeit und geschäftigem Treiben.

Einen guten Einblick in die Stadtgeschichte vermittelt das **Heimatmuseum**. Die ehemalige Kelter des Klosters Maulbronn beherbergt das Museum.

Burg Löffelstelz.

Geschichte im großen Maßstab bietet das nächste Ausflugsziel: die **Burgruine Löffelstelz**. Vom Heimatmuseum aus führt ein Weg (zunächst wenige Meter an der B 10 entlang) direkt hinauf zur Burg. Von der Burg erhalten geblieben sind im Grunde nur die Außenmauern. Heute wird „Löffelstelz" im Sommer als Ort für unterhaltsame Veranstaltungen genutzt. Zudem gibt es ein nettes Ausflugsrestaurant in unmittelbarer Burgnähe. Vormals beherrschten die Herren von Dürrmenz die Region. Der wohl berühmteste Spross der von Dürrmenz dürfte Ulrich, immerhin Reichskanzler unter Friedrich I. Barbarossa, gewesen sein. Bleibt die Frage, wieso eine Burg einen doch recht untypischen Namen wie „Löffelstelz" trägt. Wahrscheinlich stammt die Bezeichnung aus dem 17. Jahrhundert. Damals war die Burg schon eine Ruine. Der Anblick der Enz, von der Burg aus gesehen, soll an einen kurzstieligen Löffel erinnert haben. Zum damaligen Zeitpunkt muss die Enz noch geteilt gewesen sein und umspülte dabei eine Insel. Davon ist heute zwar nichts mehr zu sehen, gleichwohl lohnt sich ein Blick von der Burg auf die Enz und Dürrmenz allemal.

Neben der Burg steht ein weiteres, weit über die Grenzen der Gemarkung hinaus sichtbares Wahrzeichen: die Sendemasten für die SWR-Mittelwelle. Der höchste Sendemast misst 271 m. Von der Burg sind es wenige Minuten Laufzeit zu der unübersehbaren Sendeanlage.

Bevor es mit dem Bus (vom Bahnhof aus) in weitere Stadtteile geht, lohnt sich ein Abstecher ins ländlich geprägte Dürrmenz. Dort befindet sich bei der Kirche (Andreasstraße) ein **Biedermeier-Friedhof**. Zeitgeschichte und Zeitgefühl dokumentieren hier die mitunter kunstvoll ausgearbeiteten Grabsteine, ja Grabmäler.

Und nun zum wohl schönsten Stadtteil von Mühlacker: Lienzingen, einem Fachwerkdorf mit zwei besonderen Kirchen. Gleich am Ortseingang liegt eine davon, die **Frauenkirche**. Dass die vormalige Wallfahrtskirche auf etliche Jahrhunderte ihres Bestehens zurückblicken kann, sieht man dem Gotteshaus sofort an. Erbaut wurde es im Auftrag des Klosters Maulbronn zwischen 1476 und 1482. Ganz dem zisterziensischen Gedanken folgend

Kirchenburggasse.

präsentiert sich die Kirche schlicht und gleichzeitig in einer ruhigen, nicht aufdringlichen Erhabenheit.

Weiter geht es die Friedenstraße entlang, die dann in die **Kirchenburggasse** mündet. Keine Frage, der Name ist hier Programm. Die fast schon trotzig, aber keinesfalls klobig wirkende Kirchenburg beherrscht die Szene. Es handelt sich tatsächlich um eine Kirchenburg, die einerseits erhöht und so schwer zugänglich ist, und anderseits in früheren, kriegerischen Zeiten nur über eine Art Zugbrücke zu erreichen war. Die Kirchenburg, samt dem inneren Ring aus Vorratslagern, wirkt wie eine kleine, abgelegene Welt, in der die Zeit stehen geblieben zu sein scheint. Von der „frommen Burg" führt der Weg durch die Spindelgasse, durch die Herzenbühlgasse, an die sich Fachwerkhaus an Fachwerkhaus reiht, darunter das wohl älteste Haus weit und breit. „Zum Nachtwächter" heißt es und wurde Mitte des 15. Jahrhunderts als Holzbau errichtet.

Wie war das noch einmal mit den Römern? Antworten darauf finden sich im Stadtteil Enzberg. In Ausgrabungen freigelegt wurde der Grundriss einer römischen Villa, der „villa rustica"; zwischen Heilbronner Straße und der B 10. Von etwa 150 v. Chr. bis 260 n. Chr. dürfte es auf der Gemarkung Mühlackers eine römische Besiedlung gegeben haben. Davon zeugen jedenfalls etliche Ausgrabungsstücke.

Im Gegensatz dazu musste ein anderer steinerner Zeuge der jüngeren Vergangenheit nicht ausgegraben, sondern vielmehr ein Stück eingegraben werden: der **Herzogstein**. Der Gedenk- und Markstein, aufgestellt 1604, erinnert an den 31 Tage währenden „Herzogenritt" von Friedrich I. Etwa an der Stelle, wo heute der Herzogstein steht, begann der württembergische Herzog, die Grenzen seines Territoriums abzureiten. Einen Haken freilich hat die Sache mit dem herzöglichen Grenzstein. Er steht, das ergaben neueste Messungen, mit nicht weniger als einem Zentimeter auf badischen Boden. Ungeachtet des verständlichen badischen Ärgers darüber lohnt sich ein Abstecher in den württembergischen Ortskern von Enzberg mit seinem kleinen Schlösschen.

Ausflugstipps

Eppinger-Linien-Weg: Über 31 km führt der Weg von Eppingen nach Mühlacker (oder umgekehrt). Bis zum heutigen Tag erinnern Verteidigungsanlagen, Wachtürme und die ein oder andere Reduit, an ein mehr oder weniger ausgeklügeltes Schutz- und Verteidigungssystem.

Enztalradweg: Der Fahrradweg – er schlängelt sich an der Enz entlang – führt auch durch Mühlacker.

Freibad auf dem Sportgelände: Viel Erfrischung bietet an heißen Sommertagen das einladende Freibad. Die Attraktion im Bad ist ein beachtliches Piratenschiff, auf und in dem sich Kinder so richtig austoben können.

Neuenbürg – Schloss und Bergbau im Schwarzwald

S5 bis Ⓗ „Durlach Bahnhof", dann S32 bis Ⓗ „Oberöwisheim", dann mit dem BUS 135 bis Ⓗ „Neuenbürg Bahnhof". Fahrtdauer ca. 55 min. Ein ca. 15 min langer Fußweg führt vom Bahnhof entlang der Bahn über die Enzbrücke auf den Schlossberg.

Ein etwas anderes Theater erwartet die Besucher des **Schlossmuseums Neuenbürg**. In einem **begehbaren Theater** wird Wilhelm Hauffs Märchen „Das kalte Herz" erzählt. Ton- und Lichteffekte, Musik, Stimmen und eine fantasievolle Kulisse sorgen für das nicht alltägliche Theatererlebnis. Dunkle Gestalten tauchen aus den Tiefen des Schwarzwaldes auf, Karusselle laden zur Kirmes ein und mitten drin ist der Held des Märchens, Peter Munk. Aber keine Sorge, trotz einiger Überraschungen können auch durchaus die kleinen Museumsbesucher den Schritt ins begehbare Theater wagen. Erwachsene sollten aber schon mit dabei sein. Hauffs Märchen spielt in einer Zeit, in der auch im Enztal der Holzhandel mit Holland seine größte Blüte erlebte. Peter Munk will reich werden – koste es, was es wolle. Dummerweise gerät er dabei an den Furcht einflößenden „Holländer-Michel". Doch sehen und hören Sie selbst, wie die Geschichte ausgeht.

Farbige Lichtspiele illustrieren das Märchen von Wilhelm Hauff.

Aber nicht nur „Das kalte Herz" lädt zu einem Schlossbesuch ein. Im Südflügel berichtet eine lebendig gestaltete **Ausstellung über die Schlossgeschichte**. Und das teilweise sogar interaktiv. Außerdem gibt es in der Schlossanlage – und das noch in einer alten Burgruine – einen öffentlichen **Grillplatz**.

Wer Lust hat, im wahrsten Sinne des Wortes abzutauchen, dürfte im Besucherbergwerk **Frischglück Neuenbürg** gerade richtig sein. Vorausgesetzt, man macht einen längeren Spaziergang (ca. 3 km) dorthin.

Eisenerzbergwerk Frischglück In der Umgebung Neuenbürgs wurde ehemals Bergbau betrieben. Funde aus der Gegend belegen, dass das Eisenerzvorkommen bereits von den Kelten genutzt wurde und der Abbau bis ins 5. Jahrhundert v. Chr. zurückreicht. Die Frischglück-Grube entstand um 1760. Sie erstreckt sich über drei Sohlen und vermittelt ein Bild der Abbautechniken vergangener Tage.

31 Oberderdingen – Weinort mit langer Geschichte

KVV S4 bis Ⓗ „Oberderdingen-Flehingen", dann mit dem BUS 145 bis Ⓗ „Oberderdingen Ortsmitte". Fahrtdauer ca. 50–60 min.

Industrie in den Randbezirken, teilweise ländlicher Charakter im Innenstadtbereich und ein architektonisches Zeugnis vergangener Tage kennzeichnen Oberderdingen. Und das alles mitten im Kraichgau-Stromberg. Ausgangspunkt der Tour durch Oberderdingen ist die S-Bahnhaltestelle Oberderdingen-Flehingen. Von dort aus geht es zum sehenswertesten Ausflugsziel im Ortskern – zum Amthof Oberderdingen.

Historischer Abriss 766 wurde „Derdingen" zum ersten Mal schriftlich erwähnt. Auf einer kleinen Erhöhung gründeten Adelige einen sogenannten Seelhof. 1181 erwarb das Kloster Herrenalb Besitz im Ort. Die Mönche erweiterten ihren Besitz im Laufe der Jahre. 1216 entstand ein Wirtschaftshof. 1480 richteten die Mönche hier ein klösterliches Stabsamt ein. Von hier aus verwalteten sie die Besitzungen des Klosters Bad Herrenalb im nördlichen Kraichgau: Oberacker, Bahnbrücken, Sprantal, Nussbaum, Gölshausen, Weishofen und Freudenstein. Erst 1806, nach der Säkularisierung, wurde das Stabsamt aufgelöst.

Bis vor etwa 200 Jahren war der Eingang zum **Amthof** nur über eine Zugbrücke möglich. An das Wirken der Herrenalber Mönche erinnert am Torbogen das Herrenalb'sche Klosterwappen. Die Inschrift aus dem 16. Jahrhundert AMTSA – „ama me te semper amavi"/„liebe mich, wie auch ich Dich liebe" – ist auf Abt Lukas Götz von Merstetten zurückzuführen. Rechts vom Torbogen steht das Torwächterhaus, heute beherbergt es die Ortsbücherei. Übrigens, die Gebäude des restaurierten Amthofes werden genutzt, privat und von der Gemeinde. Das gilt ebenfalls für die Gebäude vor dem Torbogen, darunter das alte Rathaus (um 1550 erbaut), eines der ältesten noch erhaltenen Häuser in Oberderdingen.

Im Jahr 1574 wurde in Oberderdingen eine Predigerkirche eingeweiht, die **Laurentiuskirche**. Auf Geheiß Herzog Ludwigs von Württemberg – 1504 hatte Herzog Ulrich Derdingen okkupiert – gab sein Amtmann Sebastian Dreher 1571 den Bau der evangelischen Kirche in Auftrag. Als Nordwand wurde ein bereits dort befindliches Wirtschaftsgebäude genutzt. Dem frei stehenden Glockenturm dient als Fundament ein frühgotisches Steinhaus. Seit 1717 ziert den 49 m hohen Turm ein Spitzhelm. 1998 wurde bei Renovierungsarbeiten in der Kirche einiges entdeckt, was in den vergangenen Jahrhunderten mehr oder weniger zugebaut worden war: die Balkendecke, Säulchen an der Empore oder die farbenfrohen Reste von Renaissance-Malereien rund um die Fenster.

Das Zisterzienserkloster Herrenalb besaß seit 1216 einen Klosterhof in Oberderdingen. Schon bald gehörte der ganze Ort dem Kloster. 1391 richteten die Zisterzienser einen Verwaltungssitz ein, den Amthof. Als das Kloster

Der Amthof in Oberderdingen.

Herrenalb in der Reformation aufgehoben wurde, zogen württembergische Amtmänner ein – bis zur Säkularisation 1803. Seither dient das Amtsgebäude den evangelischen Pfarrern als Dienstsitz. Heute finden sich hier auch das Pfarramt und der Gemeindesaal. Das Gebäude hat eine Länge von 49 m. Es ruht auf einem Gewölbekeller, der lange Zeit als kühler Lagerraum für Wein und Früchte diente.

Dass der Weinanbau in Oberderdingen seit Generationen Tradition hat, belegt im Amthof eine **Kelter**. Nachgewiesen ist sie seit 1500. Etwa 200 Jahre später, nach einem großen Brand, wurde sie wieder aufgebaut und war mit fünf Kelterbäumen ausgestattet.

Noch ein Wort zum Weinanbau in Oberderdingen. Wer mehr darüber wissen möchte – in der Theorie und besonders in der Praxis bei einer Weinprobe – sollte auf keinen Fall versäumen, bei der **Vinothek und Infothek** vorbeizuschauen. Untergebracht sind die Infozentren in der ehemaligen Schafscheuer aus dem Jahr 1867. Angeboten werden Produkte der örtlichen Weingüter und der Weingärtnergenossenschaft. Das Motto der Vinothek lautet „Probieren geht vor".

Wenngleich er als eines der Wahrzeichen von Oberderdingen gilt, ist seine Geschichte alles andere als rühmlich: der **Hexenturm**. Bis in die mittelbare Gegenwart galt er als „Ortsarrest"; eine Art „Zwischenlager" für Delinquenten, die später ins Maulbronner Oberamtsgefängnis kamen. Früher diente der Turm hauptsächlich als Frauengefängnis – besonders als Gefängnis für „Hexen". Noch Ende des 16. Jahrhunderts brachte eines der dunkelsten Kapitel in der Kirchengeschichte Tod über Frauen, die einigen Zeitgenossen nicht ganz geheuer waren oder die einfach aus dem Weg geräumt werden sollten. Die letzte „Hexe", verfolgt von der Inquisition, hieß „Bogerin". Sie starb im Feuer. Ihre Überreste wurden im Lehrnwald an der württembergischen-kurpfälzischen Grenze verscharrt. Die Grabstelle gibt es heute noch.

Das Aschingerhaus beherbergt heute ein Museum.

Eine **Ringmauer** schützt den Amthof. Wahrscheinlich wurde sie um 1400 angelegt. Deutlich jünger hingegen ist der Marktplatz. Von hier aus hat man einen imposanten Blick auf die Kulisse des Amthofes.

Wie wäre es jetzt mit einem Besuch des **Aschingerhauses**? Dort befindet sich ein Museum mit wechselnden Kunstausstellungen. Das Fachwerkgebäude ist rund 250 Jahre alt. Es trägt den Namen von August Aschinger (1862–1911), Ehrenbürger der Gemeinde Oberderdingen. Den in der Kraichgau-Gemeinde geborenen Mann verschlug es nach Berlin. In der Hauptstadt schuf er ab 1892 ein gastronomisches Firmenimperium.

Einen Abstecher wert ist der Ortsteil **Flehingen** – vor allem das dortige Wasserschloss mit seinem ruhig gelegenen und einladenden Park. Bei dem Schloss handelt es sich um eine ehemalige Wasserburg, die um 1576 umgebaut wurde. Heute ist es Sitz einer Bildungsstätte.

Zu Fuß lässt sich die Umgebung von Oberderdingen erkunden. Es empfiehlt sich der **Rundwanderweg Horn**, gekennzeichnet durch eine eingekreiste weiße Eins. Der Wanderweg ist ca. 6 km lang und beginnt am Wanderparkplatz Horn.

Oberhausen-Rheinhausen – Markstein der Postgeschichte

R2 ab Ⓗ „Karlsruhe Hbf." bis Ⓗ „Waghäusel Bahnhof", dann mit dem BUS 128 bis Ⓗ „Oberhausen Schule". Fahrtdauer ca. 30–40 min.

An das Kloster bei der Marienwallfahrtskirche grenzt die Wagbachniederung; zu erreichen vom Kloster über die alte B36. Das Naturschutzgebiet befindet sich auf Oberhausener Gemarkung. Die Niederung, benannt nach dem Wagbach, der durch die vormalige Rheinschlinge fließt, beherbergt auf einer Fläche von weit über 200 ha eine Vielzahl unterschiedlicher Biotope – Wasserflächen, Flachwasserzonen, Schlammflächen, Schilfbestände, Nasswiesen, Riedflächen u. v. a. Ein richtiges Paradies für zahlreiche Vogelarten.

„Paradiesische" Zustände dürfte es früher auch für Raucher in Oberhausen-Rheinhausen gegeben haben. Bis in die 1960er Jahre hinein spielte Tabakanbau in der Region eine große Rolle. Zahlreiche Menschen, die auf den Feldern oder in den Tabak verarbeitenden Fabriken arbeiteten, fanden hier ihr Auskommen. Wo heute Bürger ein und aus gehen, wo Vereine feiern, wurde zu Urgroßvaters Zeiten tagein tagaus gearbeitet: in der **Zigarrenfabrik Wellensiek & Schalk** Oberhausen in der Jahnstraße 23. Allein der Name, Infotafeln und die filigran ausgearbeiteten Tabakblätter am Zaun vor dem sehenswerten Gebäude – heute ist darin das Bürgerhaus untergebracht – erinnern an die regionale Blütezeit des Tabakanbaus.

Die ehemalige Zigarrenfabrik.

Von Oberhausen geht es zum Rhein und zur Rheinfähre. Der Weg dahin ist ausgeschildert. Eine Zwischenstation bietet sich freilich noch an: das **Postmuseum Rheinhausen**, wenige Meter vom Rhein entfernt. Rheinhausen kann durchaus als Geburtsort der Reichspost angesehen werden. Kaiser Maximilian I. (1459–1519) regierte über ein flächenmäßig großes Reich. Für den „Briefverkehr" waren Kuriere zuständig. Allerdings kam es immer wieder zu Pannen, wichtige Schreiben kamen häufig nicht an. Maximilian beauftragte die Familie Taxis mit dem Aufbau eines verlässlichen Kurierdienstes – wenn man so will die Geburtsstunde der Post. Zunächst war Speyer als Poststation vorgesehen. Die Stadtoberen zeigten dafür jedoch wenig Interesse. Kurzerhand wurde dann Rheinhausen, das günstig an der Fähre lag, zum Standort für die neue Post auserkoren. Das Postmuseum befindet sich heute dort, wo früher die „Alte Post" von 1738 stand. Von der Postgeschichte künden in dem Museum Urkunden, Fotos, historische Briefkästen, Posthörner und Briefmarken.

Jetzt wird es Zeit, an den Rhein und zur Rheinfähre zu gehen. Die „Neptun" – sie befördert Fußgänger und Radfahrer – verkehrt zwischen Rheinhausen und Speyer. Vom Pfälzer Ufer sind es gerade einmal ca. 4 km zur Rheinterrasse in Speyer.

33 Ötigheim – eine Gemeinde macht Theater

KVV S4 oder S41 bis Ⓗ „Ötigheim". Fahrtdauer ca. 25 min.

Im eher beschaulichen Ötigheim sind vor allem die **Freiluft-Volksschauspiele** hervorzuheben. Die Volksschauspiele Ötigheim, übrigens ein eingetragener Vereinsname, pflegen und fördern das Laienspiel. Und das in einer bemerkenswerten Größenordnung. Ötigheim hat etwas über 4100 Einwohner. Je nach Stück beteiligen sich bis zu 600 Mitwirkende aus allen Altersgruppen als Schauspieler, als Komparsen, als Tanzgruppen oder Chöre. Dazu kommen noch zahlreiche Mitwirkende hinter der Bühne. Kein Wunder, dass bei diesen Zahlen Stücke wie „Ben Hur", „Quo Vadis", „Die Nibelungen" oder „Jesus Christ Superstar" mit den entsprechenden Menschenmassen auf die Bühne gebracht werden können.

Seit 1906 werden auf der größten Freilichtbühne Deutschlands Theaterstücke und Musicals aufgeführt.

Dabei haben 1906 die Volksschauspiele eher bescheiden angefangen. Monsignore Joseph Saier rief sie ins Leben. Vor allem an die Jugend im Dorf dachte der umtriebige Mann. Saier machte sich Gedanken um die jungen Menschen, auch vor dem Hintergrund der wachsenden Industrialisierung, die das dörfliche Leben, und damit die Dorfgemeinschaft, zu zerstören drohte. Eine nahe beim Dorf gelegene Kiesgrube wurde kurzerhand in eine Freiluftbühne umfunktioniert. Am 30. September 1906 war es soweit. Das Stück „Die beiden Tilly" läutete die Tradition der Ötigheimer Schauspiele ein. Schnell begeisterten sich viele Einwohner für das Schauspiel.

PAMINA-Rheinpark – eine Region als Naturraum und Freilichtmuseum

S31/S32, S4/S41 oder R4 ab Ⓗ „Karlsruhe Hbf." bis Ⓗ „Rastatt", dann mit dem BUS 231 bis Ⓗ „Ottersdorf Kirche". Fahrtdauer ca. 60–70 min.

Flusslandschaften haben ihren ganz besonderen Reiz. Das gilt nicht zuletzt für den Oberrhein. Schon immer hat der große Strom die Menschen in seinen Bann gezogen. Zu entdecken gibt es viel, direkt am Fluss und ebenfalls im Hinterland. Diesem Thema hat sich auch das deutsch-französische PAMINA-Projekt angenommen. Eine ganze Region, zwischen Iffezheim und Lauterbourg, dient dabei als eine Art riesiges Freilichtmuseum; ein „Museum" mit einem außergewöhnlichen Lebensraum für Pflanzen, Bäume und Tiere. Immer seltener sind sie geworden, die Auen-Lebensräume entlang des Rheins. In der PAMINA-Region gibt es sie noch. Und sie können genauso wie das „Hinterland" erforscht werden. 350 km² **Natur- und Kulturlandschaften** warten im Rheinpark auf ihre Erkundung. Als Fortbewegungsmittel durch Auen, Wälder, Dörfer und Wiesen eignet sich das Fahrrad.

Nachfolgend nun zwei **Fahrradtouren** durch die sehenswerte und abwechslungsreiche Oberrheinlandschaft:

- Vom Bahnhof Rastatt aus beginnt eine 50,5 km lange Rundtour. Sie führt über Ottersdorf, die Rheinfähre bei Plittersdorf, hinüber ins französische Seltz, nach Niederroedern, Eberbach, Oberlauterbach, Wintzenbach, Munchhausen (Naturschutzzentrum), zurück zur Rheinfähre und zum Bahnhof Rastatt. An zwölf Stationen kommen die Radler vorbei; Stationen, die an verschiedenen Landschaftsformen im Rheinpark vorbeiführen.

Das Riedmuseum in Rastatt-Ottersdorf ist auch für Familien ein lohnendes Ausflugsziel.

EINE REGION ALS MUSEUM – UNE RÉGION-MUSÉE

PAMINA-Rheinpark – Natur erleben, Kultur entdecken, Grenzen überschreiten

Pamina Parc Rhénan Rheinpark

Der Radwanderweg "Rheinauen" führt den Besucher zu stillen Altrheinarmen, interessanten Stationen am Wegesrand sowie Naturschutzgebieten und thematischen Museen.

INFO

Projektkoordination PAMINA-Rheinpark e. V.
Am Schlossplatz 5 | 76437 Rastatt
Tel. 07222 / 381-3001 | Fax 07222 / 381-3099
info@pamina-rheinpark.org | www.pamina-rheinpark.org

- Etwa genauso lang ist eine Tour, die ihren Anfang an der Rheinfähre bei Rheinstetten-Neuburgweier nimmt. Zunächst geht es über den Rhein nach Neuburg. Berg, Lauterbourg, Mothern, Neewiller, Wintzenbach, Oberlauterbach, Niederroedern und Seltz (in dieser Reihenfolge) werden im weiteren Verlauf der Tour angefahren. Von Seltz führt der Weg ins Naturschutzzentrum Munchhausen. Der Weg zurück zur Rheinfähre führt entlang des Rheins.

- Eine Lücke auf dem europäischen Radwanderweg **Veloroute Rhein** – von Basel nach Rotterdam – ist nun geschlossen. Von der Fähranlegestelle bei Neuburg (Pfälzer Seite) führt die Veloroute 1,3 km direkt am Rhein entlang und geht weiter über einen Deichweg zur deutsch-französischen Grenze. Das neue Teilstück hat eine Länge von insgesamt 2 km.

Museumstipps, Naturschutzzentren, grenzübergreifende Anlaufstelle

Riedmuseum Rastatt-Ottersdorf: In der dortigen PAMINA-Rheinparkzentrale, der Anlauf- und Informationsstelle für den Naturpark, erfährt man viel über den Rhein und seine Auelandschaften. Zudem gibt es dort ein Freilichtmuseum,das Burstersche Anwesen mit einer Ölmühle aus dem 18. Jahrhundert. Im Mittelpunkt steht die Darstellung des landwirtschaftlich geprägten Lebens in den Riedorten.

Museum „Arbeit am Rhein" Elchesheim-Illingen: Das Museum ist in einer alten Kirche untergebracht. Die Ausstellung widmet sich unter anderem dem Thema „Arbeiten am Rhein", seien es nun Fischer, Goldwäscher, Holzschuhmacher, Landwirte oder Korbflechter.

Rheinaue-Museum Neuburg: In dem Museum erfahren die Besucher vieles über das Leben am Rhein, heute und in früheren Zeiten. So wird zum Beispiel die Rheinschifffahrt anhand von Modellen erklärt.

Musée Médiathèque (Haus Krumacker) Seltz: Der Ausstellungsschwerpunkt des Museums sind die Kelten, Gallier und Römer.

Naturschutzzentrum Munchhausen: In dem Zentrum für den Rheinpark gibt es eine zweisprachige Bibliothek, pädagogische Dokumentationen – besonders geeignet für Schulklassen –, Vorträge, Seminare und Informationen rund um die grenzüberschreitende Zusammenarbeit beim Naturschutz.

Naturschutzzentrum Karlsruhe-Rappenwört: Anschaulich werden die Besucher in dem Museum über die „Natur in den Rheinauen" informiert. Darüber hinaus gibt es in dem Museum wechselnde Ausstellungen, die teilweise sehr spannend konzipiert sind. Ein Auenklassenzimmer und ein Walderlebnispfad, beides natürlich im Freien, gehören ebenfalls zum Naturschutzzentrum.

Zentrum PAMINA-Region: Ab Herbst 2010 soll das Zentrum im umgebauten und erweiterten alten Zollhaus in Lauterbourg (direkt an der Grenze) seine Arbeit aufnehmen. Das neue Zentrum der PAMINA-Region wird das Direktorium des Verbandes, die Referenten für Regionalentwicklung, Touristinformationen und gleichfalls die Infobest, die Anlaufstelle für grenzüberschreitende Fragen, beherbergen.

Pfinztal – Natur- und Kunsterlebnispfade

KVV S5 bis H „Kleinsteinbach". Fahrtdauer ca. 30 min. Nach Berghausen mit S5 bis H „Berghausen". Fahrtdauer ca. 20 min. Nach Söllingen mit S5 bis H „Söllingen Bahnhof". Fahrtdauer ca. 25 min.

Pfinztals Stärke als Ausflugsziel liegt in seiner Umgebung. Es gibt saftige Streuobstwiesen, sanft ansteigende Hügel, Wald, einen teilweise renaturierten Pfinzlauf sowie Wander- und Fahrradwege durch eine abwechslungsreiche Landschaft. In den Ortsteilen Berghausen, Söllingen, Wöschbach und Kleinsteinbach findet sich durchaus noch etwas vom ursprünglichen Dorfcharakter. Und vor allem die Pfinz prägt das Bild der Gemeinde.

Der Skulpturenweg in Kleinsteinbach.

Besondere Erwähnung verdient der **Skulpturenweg** in Kleinsteinbach. Von der S-Bahnhaltestelle Kleinsteinbach geht es in Richtung Bundesstraße. Diese wird überquert, um dann der Beschilderung zu folgen. Der Skulpturenweg ist ein idyllisch angelegter Spazierweg entlang des Boxbachs. Kunst und Natur werden hier zur Einheit.

In Söllingen lohnt sich ein Abstecher zum **Natur-Erlebnis-Pfad** Pfinztal; Zufahrt über die verlängerte Königsbacher Straße, ausgeschildert ab der Stadtbahnhaltestelle Söllingen Bahnhof. An zahlreichen Stationen kön-

Die evangelische Martinskirche in der Ortsmitte von Berghausen

nen die Besucher des (behindertengerechten) ungefähr 1,2 km langen Erlebnispfads im wahrsten Sinne des Wortes Natur empfinden: beispielsweise auf dem Barfußweg oder in der Sprunggrube beim Weitspringen „gegen" Tiere.

Um Kreuze, um Wegkreuze in ihrer vielfältigen Form geht es am anderen Ende von Pfinztal – auf dem **Kreuzwanderweg** um Wöschbach; von der Stadtbahnhaltestelle Berghausen geht es weiter mit dem Bus nach Wöschbach, Wesostraße. Das erste Ziel und der Ausgangspunkt des Wanderweges ist das **Oberdorfkreuz**.

Wer mehr aufs Geratewohl spazieren gehen will, findet dafür viele Möglichkeiten, egal ob nun von der Haltestelle Berghausen Hummelberg „hoch zu den Streuobstwiesen" oder von Berghausen aus durchs Wöschbacher Tal.

36 Pforzheim – Goldstadt mit Geschichte

KVV **S5** bis Ⓗ „Pforzheim Hbf.". Fahrtdauer ca. 50 min.

Der erste Eindruck von Pforzheim, unmittelbar nachdem man den sehenswerten Bahnhof verlassen hat: In der Stadt am Fuße des Schwarzwalds muss mächtig viel los sein.

Pforzheim gehört zu den Städten, die im Zweiten Weltkrieg besonders leiden mussten. Am 23. Februar 1945 wurde die Stadt bei einem Luftangriff fast völlig zerstört. Bei der nun folgenden Tour durch die „Goldstadt" sollte man dieses Ereignis nicht ganz aus dem Gedächtnis verlieren. Die extreme Zerstörung erforderte nach 1945 einen schnellen Wiederaufbau. Allein schon vor diesem Hintergrund lässt sich Pforzheim durchaus als ein baugeschichtliches Zeugnis der Nachkriegszeit betrachten. Prägend waren dabei vor allem die sachliche, zweckgebundene Architektur der 1950er und 1960er und die etwas experimentierfreudigere Architektur der 1970er Jahre.

Historischer Abriss Die Anfänge der heutigen Stadt gehen auf eine römische Siedlung (um 90 n.Chr.) zurück. Möglicherweise hat Pforzheim im übertragenen Sinne auch den Römern seinen Namen zu verdanken. Die Siedlung, einschließlich eines kleinen Hafens, lag an der Enz. Hafen wiederum heißt im Lateinischen „portus"; daraus entstand dann im Laufe der Jahrhunderte zusammen mit der germanischen Endung -heim „Pforzheim". Die erste urkundliche Erwähnung stammt von 1067. Regelrecht geboomt hat es in Pforzheim im 14. und 15. Jahrhundert und vor allem, als die Markgrafen von Baden (1535–1565) die Stadt zu ihrem Sitz erkoren. Danach, und das über einen längeren Zeitraum, führte Pforzheim ein eher unspektakuläres Dasein als Landstadt. Erst nachdem Markgraf Karl Friedrich von Baden den Pforzheimern das Recht verliehen hatte, Schmuck herzustellen, blühte die Stadt wieder auf. Die Verleihung besagter Rechte lässt sich durchaus mit einer Art „Konjunkturprogramm" vergleichen. Von nun an galt Pforzheim als Schmuck- und Goldstadt und erlebte dabei eine ungeahnte Blüte.

In unmittelbarer Nähe zum Bahnhof (einfach den Blick geradeaus richten, bis er auf einen Kirchturm fällt) befindet sich die (evangelische) **Schloss- und Stiftskirche St. Michael**. Von den Pforzheimern wird die Kirche gerne als „ihr steinernes Geschichtsbuch" umschrieben. Das imposante Gotteshaus erhebt sich auf einer Terrasse, die einer grünen Insel inmitten der belebten Stadt gleichkommt. Die Geschichte von St. Michael beginnt Ende des 12. Jahrhunderts. Romanische Bauelemente finden sich ebenso wie spätgotische Einflüsse. Allerdings handelt es sich dabei um einen Wiederaufbau. Die Fliegerbomben vom 23. Februar 1945 richteten schwere Schäden an dem Gotteshaus an. Seit 1535 galt St. Michael als Begräbnisplatz der Ernestine'schen Linie (abgeleitet von Markgraf Ernst I. von Baden-Durlach (1482 bis 1553) des Hauses Baden. Etliche Markgrafen und Fürsten sowie ihre Angehörigen fanden dort – unter dem Chor in zwei Grüften – ihre letzte Ruhestätte. Recht anschaulich vollzieht sich übrigens in der dreischif-

Blick auf Pforzheim – im Zentrum die Stadtkirche.

figen Pfeilerbasilika der Stilwandel von der Romanik zur Gotik. Einige Elemente erinnern an das Kloster Maulbronn. Kaum verwunderlich, schließlich mischte in Pforzheim eben der Baumeister mit, der im Kloster Maulbronn das Paradies schuf.

Beachtung verdient gleichfalls der Stiftschor mit seinen sehenswerten spätgotischen Steinmetzarbeiten und seinen Prachtfenstern. Der Stiftschor ist auch eine Verbindung zum **Johannes-Reuchlin-Museum**, einem modernen Gebäude aus Glas und Stahl, das sich an das scheinbar alte Gemäuer schmiegt. Die Idee moderne Elemente mit dem „steinernen Geschichtsbuch" zu verbinden, verfehlt kaum ihre Wirkung. Das Museum selbst wartet mit modernsten Multimediaeinrichtungen auf, um dem Besucher das Leben und das Werk von Johannes Reuchlin, dem wohl bekanntesten Sohn der Stadt, näherzubringen.

Johannes Reuchlin (1455 in Pforzheim geboren, 1522 in Stuttgart verstorben) zählt zu den bedeutendsten Humanisten Deutschlands. Als erster deutscher Nichtjude erlernte er die hebräische Sprache und Schrift. Im Laufe seines Lebens trug Reuchlin eine bemerkenswerte Bibliothek zusammen. Auch daran erinnert sehr anschaulich das Museum.

Im Kappelhof finden sich Überreste der Stadtgeschichte.

Die nächste Station der Tour führt direkt in den Untergrund: in den **Kappelhof** in der Altstädter Straße 26. Der Name soll an eine kleine Kapelle, die zum ersten Mal 1282 erwähnt wurde, erinnern. Was von außen unscheinbar wirkt, wird im „Untergrund" zu einem sehenswerten Objekt. Es eröffnet sich dem Besucher die städtebauliche Geschichte der Stadt. Zu sehen sind Ausgrabungen, die in der hier vorherrschenden Dichte 2000 Jahre Stadtgeschichte dokumentieren. Überreste des 1945 zerstörten Gasthauses „Badischer Hof" grenzen an die freigelegten Fundamente römischer Wohnhäuser. Ebenso finden sich die Überreste eines aus dem 16. Jahrhundert stammenden Gehöfts.

Schmuckmuseum im Reuchlinhaus.

Im empfehlenswerten **Schmuckmuseum im Reuchlinhaus** gibt es 2000 Exponate zu sehen, die 5000 Jahre Schmuckgeschichte abbilden. Noch ein Wort zu dem Gebäude, in dem das Schmuckmuseum untergebracht ist. 1961 wurde das Reuchlinhaus als städtisches Kulturzentrum eröffnet. Für die damalige Zeit war es eine Sensation – und zwar nicht nur in Deutschland –, dass sich eine Stadt ein Kulturzentrum, und dazu noch eines in dieser architektonischen Formensprache, leistete. Verantwortlich dafür zeichnete der Architekt Manfred Lehmbruck. In dem Ensemble aus vier kubischen Baukörpern fanden ursprünglich eine Kunstgalerie, eine Bibliothek, ein Museum und ein Ballsaal Platz.

Zunächst deutlich grober, vordergründig wenigstens, geht es bei der nächsten Station der Tour durch Pforzheim zu: im **Technischen Museum der Pforzheimer Schmuck- und Uhrenindustrie**. Das Museum bietet einen trefflichen Einblick in die industrielle Fertigung von Schmuck und Uhren. Untergebracht ist es im Nordflügel der vormaligen Schmuck- und Uhrenkettenfabrik Kollmar & Jourdan, die nach der Jahrhundertwende (1900)

Im Technischen Museum der Schmuck- und Uhrenindustrie können Besucher selbst Schmuck herstellen.

lange Zeit als die „größte Kettenfabrik der Welt" galt. Zahlreiche Maschinen, Werkbänke, Feinwerkzeuge, ja komplett eingerichtete Werkstätten lassen die Schmuckherstellung vergangener Tage wieder lebendig werden. Wer will kann übrigens – unter fachkundiger Anleitung, versteht sich – selbst Hand anlegen und sich als „Schmuckmacher" üben.

Wer „Alt-Pforzheim" besichtigen möchte, also Mauern und Gebäude, die nicht den Bomben zum Opfer fielen, sollte einen Abstecher zum Areal **Stadtmuseum** machen. Das Stadtmuseum, die alte Pfarrkirche mit ihrem spätgotischen Chor, das alte Schulhaus, das Pfarrhaus, ein Lapidarium (Sammlung von Steinwerken), mehrere Scheunen und nicht zu vergessen ein Kräutergarten bilden eine Einheit. Hier lässt sich am besten die mitunter bewegte Geschichte der Stadt nachvollziehen – von den Flößern bis zu den Goldschmieden. Die Mischung aus heimatkundlichem, kunsthistorischem, baugeschichtlichem und technischem Museum hat einen hohen Unterhaltungs- und Informationswert.

Etwas abseits vom Pforzheimer Großstadtleben gelegen findet sich ein ganz besonderes Museum: **„Gegen das Vergessen"**, eine Sammlung zur Geschichte der DDR. Die umfangreiche Privatsammlung lässt einen recht tiefen Einblick in die Geschichte der DDR zu. Sogar der Originalnachbau einer Gefängniszelle des Staatssicherheitsdienstes ist zu besichtigen. Unzählige DDR-Produkte, Alltagsgegenstände, eben alles, was die DDR auch „im Kleinen, eher Unpolitischen" ausmachte, warten auf die Besucher.

37 Philippsburg – Festungsstadt mit Tradition

KVV S1 bis Ⓗ „Hochstetten Grenzstraße“, dann mit dem BUS 192 bis Ⓗ „Philippsburg Marktplatz“. Fahrtdauer ca. 70 min.

Weitgehend unbeschadet überstand der in den 1870er Jahren erbaute Bahnhof die Wirren der nachfolgenden Zeiten und blieb somit als Zeugnis der regionalen Eisenbahngeschichte erhalten. Die Bürger setzten sich für „ihren Bahnhof“ ein, der zwischenzeitlich ein Schattendasein führte und zu verfallen drohte. Unter anderem wurden ein Wartesaal original rekonstruiert und die Bahnhofsinnenwände mit Wandmalereien („Geschichten aus Philippsburg“) ausgeschmückt.

Viel Mühe hat sich übrigens die Stadt gemacht, um ihr Städtchen touristisch aufzuwerten. Es gibt einen beschilderten Altstadtrundgang, gepaart mit aussagekräftigen Infotafeln. Eine dieser Tafeln findet sich auch beim Festungs- und Waffengeschichtlichen Museum. Dass die Stadtgeschichte über Jahrhunderte von Kriegen bestimmt war, sieht man der Stadt heute kaum noch an. Die exponierte Lage am Rhein und die Nähe zu Frankreich rückte die Stadt in den Fokus militärischer Auseinandersetzungen. 1801 nahmen napoleonische Truppen Philippsburg ein. Die Festung wurde dem Erdboden gleich gemacht. An die „bewegte“ (Militär-)Geschichte der Stadt erinnert das **Festungs- und Waffengeschichtliche Museum** in der Schlachthausstraße 2. Das Museum kann mit einer bemerkenswerten Sammlung aufwarten – von einer Dokumentation des Festungswesens über die Philippsburger Festungsgeschichte bis hin zu einer umfangreichen Waffen- und Uniformsammlung.

Der Bahnhof von Philippsburg lässt ein Stück Eisenbahngeschichte wiederaufleben.

Rastatt – die Barockresidenz an Rhein und Murg 38

S31/S32, S4/S41 oder R4 ab Ⓗ „Karlsruhe Hbf." bis Ⓗ „Rastatt Bahnhof". Fahrtdauer ca. 20 min.

1084 wurde Rastatt als **Rasteten** erstmals urkundlich erwähnt. Entlang der Handelsrouten von Süden nach Norden, ebenso wie von Osten nach Westen, bot sich die Lage des heutigen Rastatt geradezu als „Raststätte" an.

Der Bahnhof dient als Ausgangspunkt unserer Besichtigungstour. Von hier aus geht's direkt zur Festungsanlage. Durch dieses Bauwerk wurde die räumliche Ausdehnung Rastatts im 19. Jahrhundert erheblich behindert. Während andernorts die Industrielle Revolution Einzug hielt und Industriegebäude sich am Stadtrand ausdehnen konnten, war der Stadt Rastatt ein Korsett in Form der gewaltigen Festungsanlage übergestreift.

Nach den napoleonischen Kriegen entschloss sich 1842 der Deutsche Bund, in Rastatt ein Bollwerk gegen die Franzosen zu bauen. 20 Millionen Goldfranken waren in der Kasse für den Bau der Bundesfestung; Kriegsentschädigungen aus Frankreich. Die Fertigstellung des militärischen Bauwerks nahm Jahre in Anspruch. Ganz zu schweigen von den folgenden Umbauten und Ergänzungen bis 1890. Über 8000 Arbeiter arbeiteten Tag und Nacht auf der

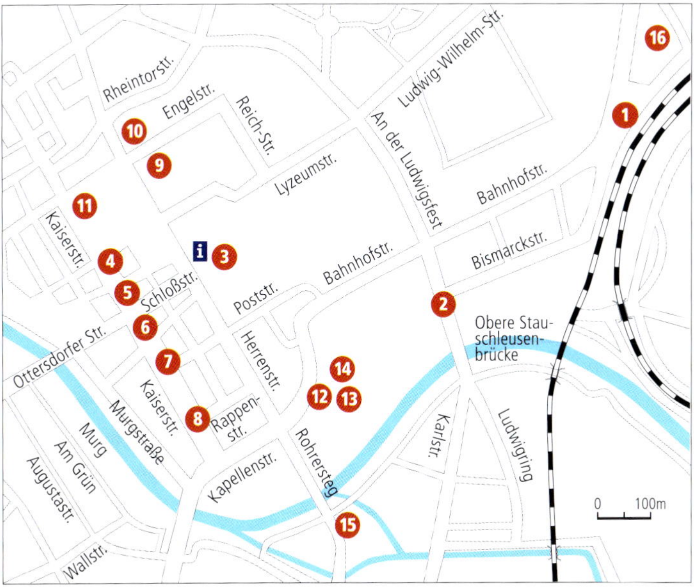

__1.__ Bahnhof __2.__ Karlsruher Tor/Kasematten __3.__ Schloss __4.__ Rathaus __5.__ Alexiusbrunnen __6.__ Johannes-Nepomuk-Brunnen __7.__ St.-Alexander-Kirche __8.__ Bernhardusbrunnen __9.__ Bernharduskirche __10.__ Jagd- und Zeughaus __11.__ Städtische Galerie/Fruchthalle __12.__ Einsiedelner Kapelle __13.__ Pagodenburg __14.__ Wasserturm __15.__ Brunnenhaus __16.__ Jüdischer Friedhof.

Einzig die Kasematten sind von der ehemaligen Festung Rastatt heute noch zu besichtigen.

Das Karlsruher Tor in Rastatt.

riesigen Baustelle. Die Festung begann Konturen anzunehmen – meterdicke Mauern, unzählige Schießscharten und **Kasematten** wurden gebaut. Dies waren Räume, die unterirdisch, in den Wällen und der Festung eingebaut waren.

Der Eingang zur „Bastion 27" ist unscheinbar. Die dortige Anlage sicherte unter anderem das nahe gelegene **Karlsruher Tor**; neben dem Kehler Tor das Haupttor der Rastatter Festung. Durch eine kleine Eisentür geht es in die Kasematten. Es wird deutlich kühler, die Luft wird feuchter. Es riecht nach altem Mauerwerk. Treppen führen hinunter zu den Befestigungen, einem Gewirr aus Gängen und Stellungen.

Im Laufe der Jahre wurde die Festung teilweise ebenerdig zugeschüttet, so dass Häuser und Straßen darauf entstehen konnten.

Ein ganz anderes Bild bot sich hier noch vor rund 150 Jahren: An die 10000 Soldaten waren in der etwa 6000 Einwohner zählenden Stadt einquartiert. Die Truppen stellte der Deutsche Bund. Im Wechsel waren es preußische und österreichische Einheiten. Im Zuge der Revolution 1848/49 wurde Rastatt zur Hochburg der Freiheitskämpfer. Im Mai 1849 kam es zu Volkserhebungen in der Pfalz und in Baden. Zahlreiche in Rastatt stationierte Soldaten verweigerten den Gehorsam und schlossen sich den Revolutionären an. Die Preußen schlugen den Widerstand blutig nieder. Allein die Festung Rastatt konnte einige Wochen länger standhalten. An der Kapitulation vor der preußischen Militärmaschinerie änderte das indes nichts. Die Preußen nahmen weit über 5000 Revolutionäre gefangen und sperrten sie in die Kasematten der Rastatter Festung. Der Rest der Festungsgeschichte ist schnell erzählt. Nach dem Krieg 1870/71 gegen die Franzosen verlor die Festung zunehmend an Bedeutung. Metz und Straßburg – die Deutschen besetzten das Elsass – waren nun die vorgeschobenen Bollwerke gegen die Franzosen. Gleichwohl wurde die Rastatter Festung erst 1890 aufgegeben.

Das **Rastatter Schloss** wurde zwischen 1697 und 1705 erbaut. Markgraf Ludwig Wilhelm – der „Türkenlouis" – gab es in Auftrag. Allerdings hatte der Bauherr, der sich vor allem im Krieg gegen die Türken einen Namen machte, nicht mehr viel von seinem Barockschloss. 1707 erlag er den Folgen einer Schussverletzung. 1771 starb die Linie der Markgrafen von Baden-Baden aus. Land und Schloss fielen an den Markgrafen Carl Friedrich von Baden-Durlach.

Nach dem Vorbild von Versailles gebaut, legt das Rastatter Schloss bis zum heutigen Tag Zeugnis vom typischen Baustil des beginnenden 18. Jahrhun-

Die imposante Anlage der ehemaligen Residenz Rastatt.

derts ab. Eine mitunter schon ausufernde Bauweise und vor allem Symmetrie spielen dabei eine gewichtige Rolle. Am Reißbrett entwarf Domenico Egidio Rossi das Schloss. Wahrlich ein imposantes Bauwerk.

Vorne, als Schlossmittelpunkt, der Corps de Logis. Links und rechts jeweils die beiden Flügel. Wer nun eine imaginäre Spiegelachse durch das mittige Hauptgebäude zieht, erkennt schnell die exakte Spiegelung der Schlosstrakte. Auch im Schlossinneren wird diese Bauweise weitgehend durchgehalten. Prunkstück des Schlosses ist die Beletage. Die prunkvoll ausgeschmückten und architektonisch sehenswerten Räume lassen leicht erahnen, was die damaligen Herrscher unter Repräsentieren verstanden. Dazu tragen ebenso wunderbar ausgearbeitete Statuen bei. Besonders markant ist die im Volksmund als „goldener Mann" bezeichnete Jupiter-Statue. Eine Besichtigung ist nur bei Führungen möglich, in deren Verlauf ausführlich auf den Ehrenhof, den Ahnensaal, auf das Spiegel- und Porzellankabinett oder die sehenswerte Schlosskirche eingegangen wird.

Jupiter krönt die Kuppel des Barockschlosses Rastatt.

Nicht weniger Aufmerksamkeit verdient die **„Kriegskunst"-Teppichsammlung**. Die sieben wandgroßen Teppiche gab der „Türkenlouis" in Auftrag. Sie wurden von Lambert de Houdt entworfen und geben Einblicke in verschiedene historische Phasen der Kriegskunst. Nur ganz wenige Teppichsammlungen dieser Art sind weltweit noch erhalten.

Nach all dem Prunk bietet sich ein Rundgang durch das **Wehrgeschichtliche Museum** im Schloss an. Die Ausstellung konzentriert sich auf die Darstellung des Verhältnisses von Staat, Gesellschaft und Militär in der Zeit von 1500 bis 1918. Die Geschichte des Militärs wird hier im Zusammenhang mit Wirtschafts-, Sozial- und Technikgeschichte gezeigt. Und eines wird im Wehrgeschichtlichen Museum gleichfalls deutlich: die große Innovationskraft des Krieges, von den Landsknechten bis zu den „Materialschlachten" des Ersten Weltkrieges.

Dem Thema Freiheitskriege nimmt sich die **Erinnerungsstätte für Freiheitsbewegungen in der deutschen Geschichte** an. Untergebracht ist die multimediale Ausstellung im Rastatter Schloss. Rastatt spielte in der Endphase der Revolution von 1848/49 eine zentrale Rolle. Im Ehrenhof des Schlosses begann am 11. Mai 1849 der Aufstand der badischen Soldaten. Sie bekannten sich zu der Verfassung, die im Dezember 1848 von der Nationalversammlung in Frankfurt verabschiedet worden war. Während der Belagerung wurde das Schloss Hauptquartier der Freiheitskämpfer – und es sollte ihre letzte Bastion sein. Am 23. Juli 1849, unmittelbar nach der Kapitulation, wurden zahlreiche Freiheitskämpfer von einem preußischen Standgericht abgeurteilt.

1716 begann der Bau des **Alten Rathauses**. Das Foyer im Erdgeschoss erinnert an eine große Halle. Lange Jahre durften Marktfrauen dort bei schlechtem Wetter ihre Waren feil bieten.

Erdbeben verursachten in den Jahren 1723 und 1728 Schäden in Teilen der Stadt und am Schloss, wie damals der Baumeister Johann Peter Ernst Rohrer dem Markgrafen Ludwig Georg berichtete. Also bat man den Heiligen Alexius von Edessa um Hilfe. Davon kündet die lateinische Inschrift auf dem 1739 errichteten **Alexiusbrunnen**, die Markgraf Ludwig Georg als Erbauer nennt: „Um mit Hilfe des Heiligen Alexius sich und die Seinigen gegen die Geißel des Erdbebens zu schützen, beschloss er die Errichtung."

Nicht weit entfernt vom Alexiusbrunnen steht der **Johannes-Nepomuk-Brunnen**. Ursprünglich war er ein Pump- und Tiefbrunnen. Das spätbarocke Brunnenhaus mit sichtbaren Akzenten auf das beginnende „deutsche Rokoko" deutet auf eine Bauzeit um 1750 hin. Über allem thront der Heilige Nepomuk, der überwiegend in Böhmen, der Heimat Markgräfin Sibylla Augustas, als Patron des Beichtgeheimnisses verehrt wurde.

Der auffällige Baustil der **St.-Alexander-Kirche** dominiert die Kaiserstraße. Der italienische Barock der Kirche trägt viel zum südlichen Flair der Umgebung bei. Besonders der rötliche Sandstein, der sich wohltuend von den umliegenden Gebäuden abhebt. Der 65 m hohe Kirchturm mit seiner barocken Zwiebelhaube überragt alle umliegenden Gebäude. Vier Statuen schmücken die Kirchenfassade: die Heiligen Karl Borromäus – Beschützer vor Pest und schweren Erkrankungen, Donatus – Patron gegen Gewitterschäden, Antonius von Padua – Beschützer vor Überschwemmungen und Florian – der Bewahrer vor Feuergefahr. Der Grundstein wurde am 30. Juli 1756 gelegt. Markgraf Ludwig Georg löste damit ein Versprechen seines Vaters ein. Die Vollendung der Kirche im Jahr 1764 erlebte ihr Baumeister, Johann Peter Ernst Rohrer, nicht mehr; er starb zwei Jahre zuvor. Anfangs kam der

Kirchenbau nicht voran, da der sumpfige Untergrund Probleme bereitete. So verfuhr Rohrer ähnlich, wie es die Baumeister in Venedig bereits erfolgreich praktizierten: Ein Pfostenfundament aus mächtigen Eichen sorgte für die notwendige Stabilität. Im Inneren der Kirche dominieren die Farben des Barock – Gold und Weiß. Doch es fehlen in der Kirche jegliche Deckenmalereien, da das Geld hierfür nicht mehr ausreichte.

Mit dem **Bernhardusbrunnen** setzte Markgraf August Georg seinem Vorfahren Markgraf Bernhard II. von Baden (1428/29–1458) ein Denkmal. Schon zu Lebzeiten galt Bernhard als besonders frommer Mann. Er blieb unverheiratet, lebte mönchisch und setzte sich an den europäischen Höfen für einen Kreuzzug gegen die „ungläubigen Türken" ein, die 1453 Konstantinopel eroberten. Kaum 30 Jahre alt, erlag er 1458 während einer Reise durch Italien einer Seuche. 1769 wurde er selig gesprochen. Aus einem einzigen Block Maulbronner Sandstein schuf Hofbildhauer Lengelacher 1770 das Bildnis des idealisierten und Fahnen schwingenden Bernhard.

Ein weiteres Denkmal ist gleichfalls dem frommen Markgrafen gewidmet – die **Bernharduskirche**. Der Weg vom Brunnen zur Kirche führt vorbei am **Jagd- und Zeughaus**, an der **Städtischen Galerie Fruchthalle** und über einige gelb-gezackten Linien auf dem Boden. Jede dieser Linen erinnert an eine Begebenheit im Verlauf der 1848er Revolution. Kleine Stadtführer des **Revolutionspfades** liegen in der Stadtinformation beim Schloss aus. Genauso wie ein informativer Plan über die **historische Route Rastatt**.

Inzwischen ist die Bernharduskirche erreicht – das einzige Gebäude von Bedeutung, das den Brand von 1689 einigermaßen heil überstand. Bereits im Jahre 1207 urkundlich erwähnt, ist sie die älteste Kirche Rastatts.

Hier noch einige weitere interessante Stationen auf der Tour durch Rastatt:

Der 1881 angelegte **jüdische Friedhof**, der an die einst blühende jüdische Gemeinde erinnert.

Die **Pagodenburg** auf der Hochterrasse der Murg. Umgeben ist das ehemalige Teehaus der markgräflichen Familie von einem sehenswerten Park.

Der **Wasserturm** steht in unmittelbarer Nähe zur Pagodenburg. 1901 gebaut, sorgte er für einigen Wirbel. Kritiker sprachen damals von einer „Majestätsbeleidigung am Kunstgeschmack".

Das **Stadtmuseum** mit seinen Sonderausstellungen, das dem Besucher anschaulich die Geschichte Rastatts näher bringt.

Das **Brunnenhaus**, von dem aus über hölzerne Deichelrohre die Wasserversorgung zum Schloss führte.

Die **Einsiedelner Kapelle**, die Markgräfin Sibylla Augusta 1715 aus Dankbarkeit für den „Rastatter Frieden" zwischen Frankreich und Österreich (Spanischer Erbfolgekrieg) erbauen ließ. Bei der Kapelle handelt es sich um einen Nachbau eines berühmten Wallfahrt-Heiligtums, der Einsiedelner Gnadenkapelle in der Schweiz.

39 Rheinmünster – Kirchengeschichte am Rhein

KVV S31/S32, S4/S41 oder R4 ab Ⓗ „Karlsruhe Hbf." bis Ⓗ „Rastatt", dann mit dem BUS **205** oder **234** bis Ⓗ „Airpark". Fahrtdauer ca. 60 min. Nach Schwarzach mit dem BUS **234** ab Ⓗ „Rastatt" bis Ⓗ „Schwarzach Hauptstraße". Fahrtdauer ca. 75 min. Nach Greffern mit dem BUS **234** ab Ⓗ „Rastatt" bis Ⓗ „Greffern Mittelstraße". Fahrtdauer ca. 65–80 min.

Rheinmünster gibt es eigentlich gar nicht. Es entstand im Zuge der Gemeindereform aus vier früher selbstständigen Gemeinden: Schwarzach, Söllingen, Stollhofen und Greffern. Die Nähe zum Rhein ist unverkennbar. Saftige Wiesen, Auenwälder, landwirtschaftlich genutzte Flächen und eben jene vier Ortsteile prägen das Landschaftsbild. Mit dem Fahrrad oder zu Fuß lässt sich Rheinmünster am besten erkunden.

Hier der neue Flughafen Söllingen und die Rheinfähre Greffern, dort, wenn man so will mittendrin, Stollhofen und vor allem Schwarzach mit seinem Klostermünster, sicherlich das interessanteste Ausflugsziel hier. Freunde moderner Zeiterscheinungen, wie zum Beispiel eines **Flughafens**, kommen in Söllingen auch auf ihre Kosten; mit der Stadtbahn nach Bühl oder Rastatt, von da geht es mit dem Bus weiter. Auf dem großen ehemaligen Militärareal (NATO-Flugplatz) geht es heute eher beschaulich zu – nicht zu vergleichen mit Frankfurt oder München. An die frühere Nutzung des Flugplatzes erinnert das „Starfighter-Monument".

Von 828 bis zur Säkularisierung 1803 reicht die Geschichte der Benediktiner in der Region. Unter keinem glücklichen Stern freilich stand die bauliche

Die Kirche des ehemaligen Benediktinerklosters Schwarzach zeigt sich heute wieder in ihrer ursprünglichen romanischen Bauweise.

Geschichte des **Klosters Schwarzach**. Mehrere Brände suchten die Klosteranlage heim. 1299 wütete abermals ein Feuersturm in Schwarzach. Besonders die Klosterkirche war davon betroffen. Schnell wurde das Gotteshaus wieder aufgebaut und 1302 eingeweiht. Die „Kirchweih" läutete eine Tradition ein, die bis in die Gegenwart besteht – die alljährliche „Schwarzacher Kirchweih". In den nachfolgenden Jahrzehnten ging es mit dem Kloster auf und ab. Dann kam der Dreißigjährige Krieg mit seiner Zerstörungswucht, die auch Schwarzach traf. Später, in der Barockzeit, wurde die Kirche entsprechend dem vorherrschenden Geschmack umgebaut. Erst in der mittelbaren Gegenwart (1967–1969), als eine dringend notwendige Kirchensanierung anstand, erinnerten sich die Verantwortlichen an den architektonischen Ursprung der Abteikirche. Der Barock verschwand teilweise. Die Säulenbasilika, die letzte Arbeit der „Hirsauer Bauschule", wurde weitgehend in ihren ursprünglichen Stand zurückversetzt. Gleichwohl vereinigen sich dort vier Baustile: die vorherrschende Romanik, Gotikelemente, vor allem spitzbogige Schallfenster im Turm und Arkaden, Renaissanceeinflüsse, zu erkennen am kunstvoll holzgeschnitzten Chorgestühl, und schließlich der Barock, von dem die Barockorgel und der monumentale Barockaltar zeugen.

Wer sich nach all den „geistlichen Eindrücken" wieder mehr den „weltlichen" zuwenden möchte, dürfte im **Freizeitcenter Oberrhein** in Stollhofen gerade richtig sein; mit der Stadtbahn nach Rastatt oder Bühl, von dort mit dem Bus nach Stollhofen (Ortsmitte), Richtung Kreisel laufen und dann in die Grünfeldstraße zum gut einen Kilometer entfernten Freizeitcenter abbiegen. Das Angebot dort ist für Kurzurlauber, Tagesausflügler oder genauso für Camper breit gestreut: Tennis, Minigold, Surfen, Angeln, Golfen auf dem 6 km entfernten Golfplatz oder Badefreuden in einer ansehnlichen Umgebung.

Und dass Rheinmünster tatsächlich dem Rhein sehr nahe ist, zeigt sich im Ortsteil Greffern; mit der Stadtbahn nach Bühl oder Rastatt, von dort mit dem Bus nach Greffern (Ortsmitte). Ein Spaziergang zum Fluss lohnt sich auf jeden Fall. Entlang der Dämme oder direkt am Rheinufer lässt es sich herrlich spazieren. Und das gegenüberliegende französische Ufer liegt zum Greifen nahe. Mehr noch: Die **Rheinfähre** Greffern-Drusenheim (auch für Autos) verbindet die beiden Länder.

40 Rheinstetten – Rheinauen, Rheinfähre und Radsport

KVV Nach Rheinstetten-Forchheim mit S2 bis Ⓗ „Forchheim Hauptstraße". Fahrtdauer ca. 25 min. Nach Rheinstetten-Mörsch mit S2 bis Ⓗ „Mörsch Rheinaustraße". Fahrtdauer ca. 35 min. Nach Rheinstetten-Neuburgweier mit S2 bis Ⓗ „Mörsch Rösselsbrünnle", dann mit dem BUS 225 bis Ⓗ „Neuburgweier Mitte". Fahrtdauer ca. 35 min.

Der Städtename verrät es schon: Rheinstetten mit seinen Stadtteilen Forchheim, Mörsch und Neuburgweier liegt unverkennbar in einer Landschaft, die vor allem von der Nähe des großen Stroms geprägt ist – eine Landschaft, die viel Ruhe ausstrahlt. Bevor es allerdings Richtung Rhein geht, lohnen sich einige Zwischenstationen.

Zuerst geht es nun mit der Stadtbahn zur Haltestelle Rheinaustraße – zu einer Plastik, die ein Denkmal für die Maurer im Stadtteil Mörsch ist; von der Haltestelle Richtung Forchheim gehen (Badener Straße), nach wenigen Minuten sehen Sie dann links das Kunstwerk. Das Traditionshandwerk der Maurer spielte in Mörsch tatsächlich lange Jahre eine wichtige Rolle. Viele Männer, besonders vormalige Landwirte, zogen es im Verlauf der aufkommenden Industrialisierung vor, lieber als Maurer, denn in einer Fabrik zu arbeiten. Die Dominanz dieser Berufsgruppe trug sicherlich auch zum raschen Wiederaufbau des alten Ortskerns nach der Zerstörung 1945 bei. An sie erinnern die beiden Bronzefiguren und etliche Details – **Maurer bei der Arbeit** – aus der Hand des Schwetzinger Künstlers Hans Zimmermann.

Langsam wird es Zeit, sich der „Rheinseite" von Rheinstetten zu nähern. Als fahrbarer Untersatz dient dabei ein Bus, der von der Haltestelle Rösselsbrünnle nach Rheinstetten-Neuburgweier (Mitte) fährt. Wer Lust hat, kann die Strecke auch zu Fuß zurücklegen. Insbesondere lädt dazu die sehenswerte **Rheinniederung** mit ihren Streuobstwiesen, Feldern, ihren kleinen Bächen und Wiesen ein. Noch intensiver wird das „Rhein-Feeling" in Rheinstetten-Neuburgweier. Davon kündet auch ein neues Heimatmuseum in dem Rheinstettener Ortsteil: das **Museum zur Siedlungsgeschichte im PAMINA-Raum** mit Teilen des vormaligen Heimatmuseums in Forchheim. Zahlreiche historische Objekte gehören ebenso zu dem Museum wie die anschauliche Darstellung der bewegten Siedlungsgeschichte am Oberrhein.

Gewässer und Streuobstwiesen sind charakteristisch für die Rheinniederung.

St.-Ursula-Kirche in Neuburgweier: Blick vom Langhaus in den Altarraum. Außergewöhnlich sind die Malereien des Karlsruher Künstlers Emil Wachter.

Nach dem Museumsbesuch tasten wir uns weiter Richtung Rhein vor. Keine Sorge, der große Strom schwimmt nicht weg – deswegen lohnt sich noch ein Abstecher zum **Fermasee**. Im Herbst und Winter ein geruhsames Fleckchen, im Sommer ein Badeparadies für Wasserratten. Anschließend, auf dem Weg zum Rhein, kommen wir an der **St.-Ursula-Kirche** vorbei. Keinesfalls die Kirche links liegen lassen. Das Gotteshaus wurde vom in Neuburgweier geborenen Künstler Professor Emil Wachter ausgemalt. Die tiefe Religiosität des Künstlers spiegelt sich in seinen Malereien.

Und nun lenken wir den Schritt wirklich Richtung Rhein. Obwohl, die Wege links und rechts der Zufahrtstraße – sie führen teilweise auf den Dämmen entlang – sehen schon verlockend und einladend aus. Auf ihnen lassen sich die **Rheinauen**, eine Landschaft mit beachtlicher Vielfalt, erkunden. Der Blick fällt dann rasch auf die **Rheinfähre** „Baden-Pfalz" von Neuburgweier. Sie verbindet Baden mit der Pfalz (Neuburg) und transportiert Autos, Fußgänger und Fahrradfahrer.

Messe Karlsruhe in Rheinstetten Am 1. November 2003 wurde die neue Messe Karlsruhe in Rheinstetten eröffnet. Der Gebäudekomplex besteht aus vier säulenfreien Messehallen von jeweils 12 500 m². Besonders die sogenannte „dm-Arena" bietet den Besuchern eine Reihe interessanter Großkonzerte. Neben verschiedenen Freizeit- und Lifestylemessen steht besonders die Kunstmesse „art Karlsruhe" im Fokus der Öffentlichkeit.

41 Rheinzabern – Das römische Tabernae, *global player* zur Römerzeit

KVV R8 ab Ⓗ „Karlsruhe Hbf." bis Ⓗ „Wörth", dann R81 bis Ⓗ „Rheinzabern". Fahrtdauer ca. 20 min.

Nett und herausgeputzt sieht Rheinzabern mit seinen vielen Fachwerkhäusern aus. Es liegt zwischen der Rheinebene und dem Bienwald. In absehbarer Zeit (aller Voraussicht nach Ende 2010) wird Rheinzabern, das zur Verbandsgemeinde Jockgrim gehört, direkt an die Stadtbahn Karlsruhe–Wörth–Germersheim angeschlossen sein; und das gleich mit drei Haltestellen. Verkehrstechnisch dürfte das die Gemeinde sicherlich aufwer-

Einblicke in ein altes Kunsthandwerk: im Terra Sigillata Museum.

ten. Ohnehin spielten bei der Gründung von Rheinzabern, zunächst als eine Raststätte an der römischen Fernstraße von Italien über Basel nach Mainz, Verkehr und Handel eine wichtige Rolle. Auf die Spuren der Römer stößt man bis zum heutigen Tage „alle naslang" in dem Örtchen, das mit seinen 1950 Jahren als älteste Gemeinde in der Südpfalz gilt. Richtig bekannt geworden ist Rheinzabern durch seine Keramikproduktion. Unmengen Geschirr und Baukeramik, hergestellt aus Ton, wurden im 2. und 3. Jahrhundert in „Tabernae" (eben Rheinzabern) produziert und über die Anbindung an die Fernstraße vertrieben. Tabernae war das größte Produktionszentrum für Artikel aus Ton nördlich der Alpen. An den Rohstoffen Ton und Holz mangelte es nicht. Zudem fanden sich genügend Fachkräfte, die das rot glänzende Geschirr produzierten: die Terra Sigillata.

Einen umfassenden Einblick in die Geschichte der **Terra Sigillata** – übrigens ein Begriff aus der Neu- und nicht etwa aus der Römerzeit – bietet das gleichnamige Museum, das Ausgangspunkt der kleinen Reise durch Rheinzabern sein soll. Untergebracht ist das Museum im alten, nun umgebauten und modernisierten Schulhaus. „Terra Sigillata", der Begriff kam etwa Mitte des 19. Jahrhunderts auf, bedeutet im Grunde nichts anderes als „gestempelte/gesiegelte Erde". Mit solchen (Herkunfts-)Stempeln bzw. Siegeln wurde das Geschirr versehen. Zahlreiche Exponate künden von der hohen handwerklichen und künstlerischen Fertigkeit bei der Herstellung des Geschirrs, der Baukeramik, von all dem, was sich aus dem Grundstoff Ton anfertigen lässt. Auffallend sind dabei vor allem der bemerkenswerte rote Glanz, die glatte Oberfläche der Schalen, Teller, Gefäße oder genauso die fein ausgearbeiteten Reliefe auf Geschirrstücken. Über die einzelnen Produktionsschritte wird im Museum ausführlich und anschaulich informiert. Nebenbei: Das Geschirr würde auch heutzutage noch jeden Speisetisch zieren. Vieles von dem, was sich inzwischen als „Ganzes" präsentiert, fanden Archäologen bei Ausgrabungen lediglich als Scherben vor. Akribisch wurden die Teile dann restauriert und zusammengesetzt.

Unter anderem auf den Spuren der Römer soll es nun weitergehen. Ausgangspunkt des historischen Rundgangs durch Rheinzabern ist das Museum. Dort erhält man übrigens auch einen kleinen „Flyer", auf dem die Ziele des Rundgangs festgehalten und jeweils erläutert werden. Der Rundweg führt zu Ausgrabungsstätten, präsentiert so manches „römisches Überbleibsel", lenkt den Schritt auf sichtbarere Dorfgeschichte und führt beispielsweise auch zur **Pfarrkirche St. Michael** (in unmittelbarer Nähe zum Museum). Die Kirche, insbesondere ihr Kirchturm, ist das Wahrzeichen von Rheinzabern. Der ursprüngliche Turm wurde 1479 als Wehrkirchturm gebaut. 1787 erhielt er mit seinem auffallenden „Helm" sein heutiges Aussehen.

42 Stutensee – Barockschloss in freier Natur

KVV Nach Stutensee mit der 4 bis Ⓗ „Fächerbad", dann mit dem BUS 123 bis Ⓗ „Blankenloch Schloss Stutensee". Fahrtdauer ca. 20 min. Nach Friedrichstal mit der S2 bis Ⓗ „Friedrichstal Mitte". Fahrtdauer ca. 30 min. Nach Staffort mit der S2 bis Ⓗ „Blankenloch Nord", dann mit dem BUS 121 bis Ⓗ „Staffort Weingartener Straße". Fahrtdauer ca. 40 min.

Stutensee ist eine Große Kreisstadt. Wer aber nun glaubt, eine Kernstadt, beispielsweise wie im Falle von Ettlingen, Bretten oder Bruchsal, vorzufinden, irrt. Eingebettet in eine topfebene Landschaft präsentiert sich Stutensee. Wohlgemerkt ein wichtiger Standort in der TechnologieRegion Karlsruhe. Eine große Firma für Verpackungstechnik und kleinere High-Tech-Betriebe haben sich hier angesiedelt. Das Leben in Stutensee, besonders in seinen Ortsteilen Spöck und Staffort, ist beschaulich, fast sogar ein bisschen ländlich, was aber keinesfalls von Nachteil sein muss. Im Gegenteil: Felder und Wiesen, flankiert von ausgedehnten Wäldern, sowie ausgewiesene Natur- und Landschaftsschutzgebiete bestimmen das Landschaftsbild. Eine ideale Gegend auch für Fahrradtouren.

Stolz prangt das badische Wappen im Giebel von Schloss Stutensee.

Seinen Namen verdankt Stutensee nach der Gemeindereform dem gleichnamigen **Schloss** bei Blankenloch. Erbauen ließ es 1749 Markgraf Karl Friedrich von Baden als Lust- und Jagdschloss. Der Schlossname „Stutensee" geht auf das dort 1652 gegründete markgräfliche Gestüt zurück, das bis 1748 bestand. Heute befindet sich in dem Schloss eine Einrichtung des Landeswohlfahrtsverbandes.

Und es gibt ein Museum in Stutensee, das **Heimat- und Hugenottenmuseum** Friedrichstal im Oskar-Hornung-Haus. Das Museum erinnert an die Hugenotten, die 1699 Friedrichstal gründeten. Anhand von Schautafeln und Modellen wird die Ortsgeschichte aufgearbeitet. Einblicke in das Wohnen um 1900 bieten eine komplett eingerichtete Küche, eine Wohn- und Schlafstube und ein Vorratskeller.

Wer einmal durch ein Dorf spazieren gehen möchte, das die Bezeichnung im positiven Sinne verdient, sollte Staffort besuchen, nicht zuletzt wegen der **Fachwerkhäuser im Ortskern**. Aber auch ohne festes Ziel kann so ein Spaziergang durch die Ortschaften der Region allemal Vergnügen bereiten. Von der Stadtbahnhaltestelle Blankenloch-Nord fahren Busse die Ortsteile an.

S4 bis Ⓗ „Sulzfeld“. Fahrtdauer ca. 60 min. Zur Ravensburg ca. 26 min Fußweg von der Ⓗ „Sulzfeld“ aus.

Sulzfeld zählt mit seinen etwa 4700 Einwohnern zwar nicht zu den größten Gemeinden im Landkreis Karlsruhe, dafür aber zu den größten Weinbaugemeinden Nordbadens. Immerhin befinden sich auf der Gemeindegemarkung 100 ha Rebflächen. Die Tradition des Weinbaus geht bis ins 13. Jahrhundert zurück. Mögen es auch nicht alle Badener gerne hören, aber Sulzfelds Nähe zum Württembergischen macht sich auch beim Anbau bestimmter Rebsorten bemerkbar: Trollinger und Lemberger.

Heimatgeschichte wird im **Bürgerhaus** (in der ehemaligen Schule) vermittelt. Dort finden das Heimatmuseum und die Galerie des hiesigen Kulturkreises Räumlichkeiten für ihre Ausstellungen.

Die Ravensburg liegt auf einem sanften Kraichgau-Hügel, umgeben von Weinbergen.

Hoch über Sulzfeld, etwas außerhalb des Orts, liegt die **Ravensburg**. Ein Ausflug auf die Burg lohnt sich unbedingt. Den Spaziergänger erwarten Weinberge, eine herrliche Aussicht auf den Kraichgau und eine gut erhaltene Burg. Keineswegs zu kurz kommen bei diesem Ausflug die Gaumenfreuden. Auf der Burg gibt es ein Restaurant und so manchen edlen Tropfen.

Die Ravensburg Die erstmalige urkundliche Erwähnung der Ravensburg datiert aus dem Jahr 1220. Bis 1547 blieb die Burg unversehrt, bevor sie im Schmalkaldischen Krieg (1546–1547) von kaiserlichen Truppen eingenommen und geplündert wurde. Ab 1548 wurden die entstandenen Schäden behoben und 1607 wurde die Ravensburg am südlichen Torhaus der Hauptburg um einen zweigeschossigen Palas erweitert. Sowohl den Dreißigjährigen Krieg als auch den Pfälzischen Erbfolgekrieg überstand die Festung weitgehend unbeschadet. Die bis 1846 zum Teil noch bewohnte Burg wurde nach ihrem Verlassen als Steinbruch genutzt, bevor in den Jahren 1907–1910 Renovierungsarbeiten vorgenommen wurden. Inzwischen befindet sich ein Restaurant in der ehemaligen Festungsanlage.

44 Waghäusel – barockes Schloss und Wallfahrt

KVV R2 ab H „Karlsruhe Hbf." bis H „Waghäusel Bahnhof". Fahrtdauer ca. 25 min.

Nein, in dieser Umgebung erwartet man nicht unbedingt ein bauliches Kleinod. Das große Gelände mutet vielmehr wie ein Industriegebiet an. Und genau das war es auch. Mitten auf dem vormaligen Areal der Zuckerfabrik steht die **Eremitage Waghäusel**. 1997 verkaufte die „Südzucker AG" das große Anwesen (samt Eremitage) an die Stadt Waghäusel. Schritt für Schritt wird das denkmalgeschützte Ensemble renoviert. Der Grundstein zur Eremitage wurde 1724 von Damian Hugo Philipp von Schönborn, von 1719 bis 1743 Fürstbischof von Speyer, gelegt. Eremitage bedeutet – aus dem Französischen übersetzt – so viel wie „Einsiedelei"; vergleichbar mit einem schlossähnlichen, privaten Rückzugsort, um möglichst ungestört zu sein. Zudem liegt die Eremitage in unmittelbarer Nähe zur Wallfahrtskirche von Kirrlach/Wiesental, Richtung Oberhausen linker Hand. Die Schlossanlage, von der heute nur noch der Zentralbau und drei der vier Kavalierhäuser erhalten sind, entwarf Johann Michael Ludwig Rohrer, erweitert und ausgebaut wurde das Schlösschen von Johann Balthasar Neumann. Zwischenzeitlich diente die Eremitage als Verwaltungsgebäude für die Südzucker AG.

Lange verborgen hinter Fabrikmauern: die Eremitage Waghäusel.

Noch ein Wort zur Marienwallfahrtskirche. Der Kirche ist ein Kloster angeschlossen. Die Mönche, die „Brüder vom Gemeinsamen Leben", betreuen die Wallfahrtskirche. In der ersten Hälfte des 15. Jahrhunderts soll ein Schäfer ein steinernes Marienbildnis in einer hohlen Eiche gefunden haben – etwa an der Stelle, wo heute die Kirche steht. Zu Ehren der Mutter Gottes wurde zunächst ein Bildstock errichtet, anschließend, weil sich immer mehr Menschen dort einfanden, eine kleine Kapelle. Später (um 1616) siedelten sich in der unmittelbaren Umgebung Mönche des Kapuzinerordens an. Um 1640 wurde die erste Klosteranlage gebaut. Bis 1999 lebten und arbeiteten die Kapuziner in Waghäusel.

Waldbronn – heiße Therme und kaltes Eis

S11 bis Ⓗ „Reichenbach Bahnhof" oder „Reichenbach Kurpark". Fahrtdauer ca. 30 min.

Dass Waldbronn und vor allem seine Umgebung an die Höhenzüge des Nordschwarzwalds grenzt, wird schnell deutlich. Die Landschaft lädt ein zum Spazieren, zum Wandern und zum Erholen – Vorzüge, mit denen die Gemeinde gerne für sich wirbt. Nicht zu Unrecht. Es gibt die Albtherme, ein schön angelegtes Freibad, einige Museen, den Eistreff (Eislaufhalle) und einen idyllischen Kurpark.

Beginnen wir mit unserer Tour durch Waldbronn bei den **Heimatstuben** im Ortsteil Reichenbach. Dabei handelt es sich um eine Art Museum und geselligen Treffpunkt in einem 1702 erbauten Fachwerkhaus. In den 1970er Jahren restaurierten Waldbronner Bürger ehrenamtlich das Gebäude. Ohnehin sind die Heimatstuben ein Teil von Waldbronn, zumal etliche Bürger Ausstellungsstücke für das Museum zur Verfügung stellten. So konnte das Museum vollständig eingerichtet werden mit Küche, zwei Stuben, einer Spinnstube, einer Schlafkammer, einem Kinderzimmer und einem Gerätehaus.

Direkt „hinter" den Heimatstuben befindet sich das **Radiomuseum**. Über 200 Ausstellungsstücke lassen die Geschichte des Radios aufleben: Detektorapparate, Röhrenradios aus den Zwanzigern, ausgefeilte Hochleistungsempfänger und Spitzenprodukte der Nachkriegszeit. Insbesondere an die letzteren Geräte dürfte sich so mancher Museumsbesucher erinnern: „Genau so ein Gerät stand bei uns im Wohnzimmer."

Und jetzt wieder ab ins Freie, in den **Kurpark**. Zu Fuß ist es von den Heimatstuben und dem Radiomuseum nur ein Katzensprung dorthin. Ein Spazier-

Lädt zu Erholung ein: der Waldbronner Kurpark.

gang durch den Kurpark, angesichts der Parkgröße auch ein längerer, ist auf jeden Fall empfehlenswert. Die Anlagen mit ihren Grün- und Baumbeständen und dem Wasser sind gepflegt. Einen schönen Blick über das Areal bietet zudem das Kurhaus mit seinem Restaurant und Terrassencafé.

Noch mehr Kur, auch für Tagesausflügler, erwartet den Besucher in der **Albtherme**. Drei Innen- und ein Außenbecken mit wohlig-warmem Wasser laden zum Erholen ein. Eine große Saunalandschaft mit Glasdampfbad und Naturstein-Außensauna und der neue Wellness- und Beauty&DaySpa-Bereich runden den Albthermen-Besuch ab.

Was für den einen das warme Wasser, ist für den anderen das Eis unter den Kufen. Das findet man im Waldbronner **Eistreff**. In zwei miteinander verbundenen Hallen – 30×60 m und 30×30 m – können sich die Eislauffreunde richtig austoben. Und das bei einer angenehmen Raumtemperatur. Das „Eis-Vergnügen", von der Kindergeburtstagsfeier bis zu regelmäßigen „Eispartys", beginnt normalerweise im Oktober und endet im März.

Erfrischendes Nass an heißen Sommertagen: das Freibad in Waldbronn.

Als Kompromiss zwischen Eistreff und Albtherme – abhängig von der Jahreszeit und vom Wetter – empfiehlt sich das solarbeheizte Waldbronner **Freibad**.

Weingarten – Weinbaugemeinde zwischen Rhein und Kraichgau

S5 bis Ⓗ „Durlach Bahnhof", dann S31/S32 bis Ⓗ „Weingarten". Fahrtdauer ca. 25 min.

Ein kunstvoll geschmiedeter Wirtshausausleger ziert das Walk'sche Haus.

Die Silbe „Wein" im Gemeindenamen ist in Weingarten durchaus Programm. Dort gibt es etliche Winzer, in der Umgebung fruchtbare Weinhänge und die Winzergenossenschaft Weingarten, die keinesfalls die Konkurrenz anderer Weinanbaugebiete fürchten muss. Auf der Gemeindegemarkung liegt zudem ein Naturschutzgebiet, das Weingartener Moor, und für Wasserratten ein Baggersee. Die Ortschaft präsentiert sich dem Betrachter ein wenig ländlich, das aber nicht ohne Charme. Besonders gilt das für die Ortsmitte, geprägt vom Walzbach, dessen offener Lauf für eine idyllische Atmosphäre sorgt. Dazu trägt ebenso die **Marktbrücke** – auch Tullabrücke genannt – ihren Teil bei. Oberstleutnant Tulla, der bekanntermaßen den Rhein begradigte, plante die 1823 fertig gestellte Brücke. Einen Blick verdient gleichfalls das 1902 erbaute **Rathaus**. Auf der anderen Straßenseite zieht ein sehenswertes Fachwerkhaus die Aufmerksamkeit auf sich – das **Walk'sche Haus**. Die Grundmauern datieren aus dem Jahr 1509; das damalige Gebäude wurde jedoch im Verlauf des Dreißigjährigen Krieges (1618–1648) und des pfälzischen Erbfolgekrieges (1688–1697) zerstört. 1701 wurde es erneut aufgebaut und später nach seinem Besitzer benannt. Für die damalige Zeit ungewöhnlich, wurden beim Bau sehr teure und alte Eichenbalken verwendet.

In einiger Entfernung wacht über all dem Geschehen im beschaulichen Weingarten der **Wartturm**. 1589 wurde er als Stützpunkt der Geleitmannschaften errichtet. In früheren Zeiten war es alles andere als sicher, durch die Lande zu reisen. Gebietsherren boten ihren Schutz an; gegen ein entspre-

Mitten in Weingarten steht das Walk'sche Haus.

chendes Geleitgeld versteht sich. Weingarten war ein wichtiger Knotenpunkt unter anderem für die Geleitstraße Weingarten – Gondelsheim – Bretten. Inzwischen hat der hiesige Bürger- und Heimatverein den Turm in Besitz genommen und lädt dort zu heimatgeschichtlichen Ausstellungen ein.

Bis heute wacht der Wartturm hoch über Weingarten.

Vorbei am Wartturm führt auch der **Wald- und Weinlehrpfad**. Am Parkplatz Setz beginnt der Wanderweg. Schon nach wenigen Minuten ist man im Rebgelände. Zur Auswahl stehen drei ausgeschilderte Rundwanderwege unterschiedlicher Länge (von einer Dreiviertelstunde bis zu 3 Stunden). Infotafeln am Wegesrand vermitteln Wissenswertes über die Region und den Weinanbau. Auf dem Katzenberg (beim „Köpfle") mit seiner beeindruckenden Aussicht bietet sich ein Päuschen in der August-Russel-Hütte an.

Zu Fuß lässt sich ebenfalls das **Weingartener Moor** erkunden. Das Naturschutzgebiet zählt zu den letzten naturnahen Restflächen der Kinzig-Murg-Rinne – eine ehemalige Flussniederung am Rand des Oberrheingrabens. Ausgangspunkt eines ungefähr 5,4 km langen Rundwanderweges durch das Moor ist die Walzbachhalle. Bei dem Moor handelt es sich um ein Niedermoor mit offenen Wasserflächen, umgeben von einem großflächigen Bruchwald. Wer Glück hat, bekommt etwas von der äußerst artenreichen Tierwelt im Moor mit – von den einheimischen Amphibienarten, die im Moor laichen, oder von der vielfältigen Vogelwelt im Schutzgebiet.

Informationen von A–Z

Im folgenden Informationsteil finden Sie neben den Angaben zu den KVV-Kundenzentren auch die Kontaktadressen der einzelnen Städte und Gemeinden und aller Schlösser, Theater, Museen und Bäder, die im Redaktionsteil beschrieben sind. Neben den Städte- und Gemeindenamen sind die Postleitzahl und die Einwohnerzahl aufgeführt.
Für weitere Auskünfte zu Führungen und Eintrittspreisen wenden Sie sich bitte an die angegebenen Kontaktadressen.

Karlsruher Verkehrsverbund KVV

Karlsruher Verkehrsverbund GmbH
Tullastr. 71 ☎ 07 21 / 6 10 70
76131 Karlsruhe
Servicetelefon ☎ 07 21 / 61 07 58 85
☎ 0 18 05 / 77 99 66 (12 ct/min)
info@kvv-karlsruhe.de
www.kvv.de

KVV-Kundenzentrum vor dem Hauptbahnhof
Bahnhofplatz · 76137 Karlsruhe
Mo–Fr 6.30–19, Sa–So 9–15 Uhr

KVV-Kundenzentrum Marktplatz
Weinbrennerhaus am Marktplatz
76133 Karlsruhe
Mo–Fr 9.30–19, Sa 10–15 Uhr

KVV-Kundenzentrum Kaiserstr.
Haltestelle Europaplatz · 76133 Karlsruhe
Mo–Fr 9.30–19, Sa 10–16 Uhr

TechnologieRegion Karlsruhe

Nähere Informationen zur TechnologieRegion Karlsruhe erhalten Sie hier:

Regionalverband Mittlerer Oberrhein
Baumeisterstr. 2 ☎ 07 21 / 3 55 02 21
76137 Karlsruhe
rvmo@region-karlsruhe.de
www.region-karlsruhe.de
www.trk.de

Achern 77855

25 000 Einwohner

Stadtmarketing & Verkehrsverein Achern e. V., Achern-Schwarzwald-Information
Hauptstr. 13 ☎ 0 78 41 / 2 92 99
oder 0 78 41 / 6 42-1900
info@achern-tourist.de
www.achern.de

Sensen- und Heimatmuseum
Berliner Str. 31 ☎ 0 78 41 / 2 97 64
kontakt@sensenmuseum.de
www.sensenmuseum.de
Jeden 1. und 3. Sonntag im Monat 14–17.30 Uhr (1. März–Ende Okt); nach Anmeldung auch werktags für Gruppen mit Führungen
Der Besucher erhält einen Einblick in die Fertigung von Sensen. Im Heimatmuseum ist eine Werkstatt aus dem 19. Jahrhundert zu bewundern.

Altlußheim 68804

5250 Einwohner

Gemeinde Altlußheim
Rheinhäuser Str. 7 ☎ 0 62 05 / 3 94 30
info@altlussheim.de
www.altlussheim.de

Bad Herrenalb 76332

7500 Einwohner

Tourismusbüro Bad Herrenalb
Bahnhofsplatz 1 ☎ 0 70 83 / 50 05 55
info@badherrenalb.de
www.badherrenalb.de
Mo–Fr 9–12.30 und 14–16.30 Uhr, Sa 10–12, So 10–12 und 14–16 Uhr

Siebentäler Therme
Schweizer Wiese 9 ☎ 0 70 83 / 9 25 90
siebentälertherme@badherrenalb.de
www.siebentaelertherme.de
Mo–So 9–22 Uhr
Das Angebot reicht von Aroma-Massagen, dem Schwarzwaldschwitzbad in der

Saunalandschaft über Klangbaden bis zu Aquahealing in der Mineral-Therme.

Waldfreibad
Schwimmbadstr. 1 ☎ 0 70 83 / 24 80
Mo–So 10–20 Uhr (Mai–Sept)
Es locken 25-m-Becken, extra Babybecken, Sprungturm und große Liegewiese.

Dampfzüge durch das Albtal
Ulmer Eisenbahnfreunde e. V.
Bahnhofstr. 6 ☎ 07 21 / 88 33 61
76275 Ettlingen
Die historischen Dampfzüge fahren zwischen Ettlingen und Bad Herrenalb. Einen Prospekt erhalten Sie beim KVV.

Bad Wildbad 75323

11 000 Einwohner

Touristik Bad Wildbad GmbH
König-Karl-Str. 5 ☎ 0 70 81 / 1 02 80
touristik@bad-wildbad.de
www.bad-wildbad-tourismus.de

Heimat- und Flößermuseum
Bergstr. 1 ☎ 0 70 81 / 93 01 11
So 14–17 Uhr
www.bad-wildbad.info/fl-museum
Mit Hilfe detailgetreuer Miniaturen, Figuren und Bilddokumenten wird die Geschichte und Entwicklung Bad Wildbads gezeigt.

Palais Thermal
Kurplatz ☎ 0 70 81 / 30 30
Mo–Fr 12–22, Sa–So 10–22 Uhr
info@palaisthermal.de
www.palais-thermal.de
Liebevoll restauriertes Erlebnis- und Saunabad.

Staatsbad Wildbad, Bäder- und Kurbetriebsgesellschaft mbH
König-Karl-Str. 7 ☎ 0 70 81 / 30 32 53
info@staatsbad-wildbad.de
www.staatsbad-wildbad.de

Thermalbad Wildbad
Baetznerstr. 85 ☎ 0 70 81 / 30 32 53
info@staatsbad-wildbad.de
www.bad-wildbad-tourismus.de
Mo, Mi, Sa, So 9–19 Uhr
Di, Do, Fr 9–21 Uhr
Kur, Heilmittel, Wellness und Thermen unter einem Dach. Zusätzliche Entspannung bietet das römische Dampfbad.

Sommerbergbahn Bad Wildbad
☎ 0 70 81 / 33 94 oder 9 30 15
info@stadtwerke-wildbad.de
www.stadtwerke-wildbad.de
Sommer
Talstation: Mo–Fr 7–20.30, Sa–So 9–21 Uhr; Bergstation: Mo–Fr 6.45–20.45, Sa–So 8.45–21.15 Uhr
Winter
Talstation: Mo–Fr 7–19.30, Sa–So 9.30–19.30 Uhr; Bergstation: Mo–Fr 6.45–19.45, Sa–So 9.15–19.45 Uhr
Die Sommerbergbahn ist die schnellste und umweltschonendste Verbindung zwischen dem Zentrum von Bad Wildbad und dem Sommerberg.

Baden-Baden

54 000 Einwohner

KVV-Kundenzentrum
Bürgerbüro im Rathaus
Jesuitenplatz ☎ 0 72 21 / 27 76 50
76530 Baden-Baden
Mo–Mi 9–17, Do 9–17.30, Fr 9–14 Uhr

Baden-Baden Kur & Tourismus GmbH
Solmsstr. 1 ☎ 0 72 21 / 27 52 00
76530 Baden-Baden
info@baden-baden.com
www.baden-baden.de
Ansprechpartner für Stadtführungen, Einzel-/Gruppen-Arrangements, Veranstaltungsorganisation, Kongresse, Tagungen und Kuren.

Tourist-Information
Schwarzwaldstr. 52 ☎ 0 72 21 / 27 52 00
76532 Baden-Baden
info@baden-baden.com
www.baden-baden.de
Mo–Sa 9–18, So 9–13 Uhr

Staatliche Kunsthalle
Lichtentaler Allee 8a ☎ 0 72 21 / 300763
76530 Baden-Baden

info@kunsthalle-baden-baden.de
www.kunsthalle-baden-baden.de
Di–So 10–18, Do 10–20 Uhr
Wechselnde Kunstausstellungen.

Stadtmuseum
Lichtentaler Allee 10 ☎ 0 72 21 / 93 22 72
76530 Baden-Baden
stadtmuseum@baden-baden.de
Di–So 10–18, Mi 10–20 Uhr
Seit 2004 präsentieren zwei Etagen im Alleehaus die Stadtgeschichte von den römischen Anfängen bis zur Gegenwart.

Museum für Kunst und Technik des 19. Jahrhunderts (LA8)
Lichtentaler Allee 8 ☎ 0 72 21 / 5 00 79 60
info@la8.de
www.la8.de
Di–So 11 bis 18 Uhr
Die Ausstellungen des Museums für Kunst und Technik des 19. Jahrhunderts befassen sich mit dem bislang wenig beachteten Zusammenhang der beiden vermeintlichen Antipoden Kunst und Technik.

Museum für Fabergé-Kunst
Sophienstr. 30 ☎ 0 72 21 / 97 08 90
Mo–So 10–18 Uhr
Zu sehen ist ein Teil der Privatsammlung von 300 bis 400 Werken der Manufaktur des russischen Juweliers Peter Carl Fabergé.

Festspielhaus und Festspiele Baden-Baden gGmbH
Beim Alten Bahnhof 2 ☎ 0 72 21 / 3 01 31 01
76530 Baden-Baden
info@festspielhaus.de
www.festspielhaus.de
Mit 2500 Plätzen das zweitgrößte Opern- und Konzerthaus in Europa.

Theater Baden-Baden
Goetheplatz ☎ 0 72 21 / 93 27 51
76530 Baden-Baden
Veranstaltungsinfos: ☎ 0 72 21 / 93 27 39
theater@baden-baden.de
www.theater-baden-baden.de
Sprechbühne mit über 140-jähriger Tradition; errichtet nach dem Vorbild der Pariser Oper.

Das Gebäude der Sammlung Frieder Burda wurde vom Star-Architekten Richard Meier entworfen und 2004 eingeweiht.

Museum Frieder Burda
Lichtentaler Allee 8b ☎ 07221/398980
76530 Baden-Baden
office@museum-frieder-burda.de
www.sammlung-frieder-burda.de
Di–So 10–18 Uhr
2004 neu eröffnetes Museum mit Kunstwerken der klassischen Moderne und der zeitgenössischen Kunst.

Kurhaus
BKV – Bäder- und Kurverwaltung Baden-Württemberg
Kaiserallee 1 ☎ 07221/353202
76530 Baden-Baden
info@kurhauscasino.de
www.kurhaus-baden-baden.de
Im rechten Flügel befindet sich die Spielbank Baden-Baden, im linken ein Restaurant.

Trinkhalle
Kaiserallee 3
76530 Baden-Baden
In der Trinkhalle fließt Heilwasser der Baden-Badener Friedrichsquelle aus einem Brunnen und wird auch ausgeschenkt.

Friedrichsbad
Anschrift siehe Caracalla Therme
www.carasana.de/roemisch.html
Mo–So 9–22 Uhr
„Hier im Friedrichsbad vergessen Sie nach 10 Minuten die Zeit und nach 20 Minuten die Welt …" (Mark Twain).

Caracalla Therme
Carasana Bäderbetriebe GmbH
Römerplatz 1 ☎ 07221/275940
76530 Baden-Baden
info@carasana.de
www.carasana.de/caracalla.html
Mo–So 8–22 Uhr
Therme mit römischer Saunalandschaft und einem Außenbereich im malerischen Schlossgarten.

Spielbank Baden-Baden
Kaiserallee 1 ☎ 07221/30240
Kurhaus, 76530 Baden-Baden
info@casino-baden-baden.de
www.casino-baden-baden.de
Das Casino ist die größte und älteste Spielbank Deutschlands.

Baiersbronn 72270

16000 Einwohner

Baiersbronn Touristik
Rosenplatz 3 ☎ 07442/84140
info@baiersbronn.de
www.baiersbronn.de

Märchenmuseum
Alte Reichenbacher Str. 1
☎ 07442/84140
Mi, Sa–So 14–17 Uhr
Das Märchenmuseum zeigt, wie Menschen früher im Murgtal gelebt haben. Für Kinder gibt es einen Lesebereich und eine Videostation mit Kinderfilmen.

Bretten 75015

28000 Einwohner

Stadtinformation Bretten
Melanchthonstr. 3 ☎ 07252/957621
tourist-info@bretten.de
www.bretten.de
Mo–Fr 9.30–17, Sa 9.30–12.30 Uhr
Hier erhalten Sie auch Informationen zum alljährlichen Peter-und-Paul-Fest.

Indianermuseum Bretten
Steinzeugstr. 33–35 ☎ 07252/965758
Bretten-Diedelsheim
thomasmerbt@hotmail.de
www.indianermuseum-bretten.de
Di–So 14–18 (Ostern bis Ende Sept),
Sa–So 14–17 Uhr (Okt–März)
Das Museum zeigt über 6000 Exponate zur Geschichte der Indianer.

Schutzengelmuseum
Im Schweizer Hof ☎ 07252/972800
Sa und So 11–17 Uhr,
Sonderführungen sind auch außerhalb der Öffnungszeiten möglich
Zu sehen sind Schutzengel-Darstellungen aus sechs Jahrhunderten.

Melanchthonhaus
Melanchthonstr. 1 ☎ 07252/94410
Führungen ☎ 07252/957620
info@melanchthon.com
www.melanchthon.com
Di–Fr 10–17, Sa–So 11–13 und 14–17 Uhr
Das Melanchthonhaus wurde 1897–1903 anlässlich des 400. Geburtstags des Reformators an der Stelle seines Geburtshauses errichtet.

Tierpark Bretten
Familie Willig
Salzhofen 9 ☎ 07252/7256
www.tierpark-bretten.de
9–18 Uhr (März–Okt), 9–17 Uhr (Okt–Ende Nov)
Deutschlands größter Streichelzoo bietet Kindern auch seltene Tiere zum Anfassen.

Gedenktafel zu Brettens „Einverleibung".

Nadelöhr im Transitverkehr: das Bruchsaler Damianstor.

Bruchsal 76646

43 000 Einwohner

KVV-Kundenzentrum Bruchsal (Stadtbusbüro)
Bahnhofstr. 1 ☎ 0 72 51 / 70 61 11
Mo, Di, Do, Fr 8.30–17.30 Uhr,
Mi 8.30–13 Uhr
Erteilt Auskünfte zum gesamten regionalen Personenverkehr.

Touristinformation Bruchsal
Am Alten Schloss 2 ☎ 0 72 51 / 5 05 94-60
touristinformation@btmv.de
www.bruchsal-erleben.de

Schloss Bruchsal
Schlosskasse ☎ 0 72 51 / 74 26 61
info@schloss-bruchsal.de
www.schloss-bruchsal.de
Di–So 10–17 Uhr

Die Badische Landesbühne
Am Alten Schloss 24 ☎ 0 72 51 / 72 70
info@dieblb.de
www.dieblb.de
Schauspieltheater mit einer eigenständigen Sparte für Kinder- und Jugendspielproduktionen.

Deutsches Kindergartenmuseum
Hochstr. 6 ☎ 0 72 51 / 9 32 50
info@fsp-sanctamaria.de
www.fsp-sanctamaria.de/kigamuseum
Jeden letzten Sa im Monat 13–17 Uhr
Das Museum präsentiert einen bunten Querschnitt durch die Kindergartengeschichte.

Deutsches Musikautomaten Museum
Im Schloss ☎ 0 72 51 / 74 26 52
dmm@landesmuseum.de
www.landesmuseum.de
Di–So 10–17 Uhr
Selbstspielende Orgeln, Orchestrien, Klaviere und Spieldosen geben einen Überblick über die Möglichkeit mechanischer Musikwiedergabe seit dem 18. Jahrhundert.

Heimatmuseum Heidelsheim
Merianstr. 9 ☎ 0 72 57 / 64 43
www.heidelsheim.de
Jeden 2. und 4. So im Monat 14–17 Uhr
Das Museum zeigt neben Gegenständen des alltäglichen Lebens vor allem handwerkliche und bäuerliche Arbeitsgeräte.

Heimatmuseum Untergrombach
Obergrombacher Str. 32
☎ 0 72 57 / 93 00 90
Jeden 1. So im Monat 14–16 Uhr (außer während der Sommerferien)
Das Heimatmuseum Untergrombach ist im ältesten Fachwerkhaus Nordbadens untergebracht.

Kunstverein Das Damianstor Bruchsal e. V.
Schönbornstr. 11
www.damianstor.de
Sa 14–17, So 11–17 Uhr
Der Kunstverein zeigt jährlich in vier Wechselausstellungen zeitgenössische bildende Kunst.

Städtisches Museum im Schloss
☎ 0 72 51 / 7 92 53
Di–Fr 10–17 Uhr
Die Ausstellung zeigt eine Bruchsaler Mineraliensammlung, Münzen und Medaillen, archäologische Funde von der Jungsteinzeit bis zum Mittelalter sowie eine Dauerausstellung zur Stadtgeschichte bis ins 20. Jahrhundert.

Michaelsberg bei Untergrombach
Auf dem Michaelsberg
☎ 07257/931482
Wallfahrtskapelle und sehenswerter Panoramablick über die Rheinebene.

Bühl 77815

29300 Einwohner

Tourist-Information
Hauptstr. 92 ☎ 07223/935332
tourist.info@buehl.de
www.buehl.de
Mo–Mi 9–12 und 14–16, Do 9–12 und 14–17, Fr 9–12 Uhr
Hier erhalten Sie auch Informationen zur Burg Windeck.

Bühlertal 77830

8000 Einwohner

Tourist-Information Bühlertal
Hauptstr. 92 ☎ 07223/99670
info@buehlertal.de
www.buehlertal.de
Mo–Fr 9–12 und 14–18 Uhr,
Sa 9–12.30 Uhr

Geiserschmiede
Ulla Meier
Hauptstr. 131 ☎ 07223/710126
info@geiserschmiede.de
www.geiserschmiede.de
Jeden 2. und 4. So im Monat 14–17 Uhr
Das Museum präsentiert in zwei Abteilungen Beiträge zu den Themen Schmiedehandwerk und Entwicklung des Ortes Bühlertal.

Dettenheim 76706

6600 Einwohner

Bürgermeisteramt Dettenheim
Bächlestr. 33 ☎ 07247/9310
rathaus@dettenheim.de
www.dettenheim.de

Dobel 75335

2300 Einwohner

Kurverwaltung Dobel
Neue Herrenalber Str. 11 ☎ 07083/74513
kontakt@dobel.info
www.dobel.de

Durmersheim 76448

12000 Einwohner

Bürgermeisteramt
Rathausplatz 1 ☎ 07245/9200
info@durmersheim.de
www.durmersheim.de

Hardtmuseum
Ritterstr. 16 ☎ 07245/109319
info@durmersheim.de
www.durmersheim.de
Jeden 1. und 3. So im Monat 14–17 Uhr (Feb–Dez), Jan geschlossen
Themen sind die Volksfrömmigkeit, die Wallfahrt nach Maria Bickesheim und Leben und Wohnen auf der Hardt um 1900.

Freibad Durmersheim
Mo–Fr 10–20, Sa–So 9–20 Uhr
Spiel- und Spaßbad mit Massagedüsen, Brodelbucht, Wasserpilz, Riesenrutsche und einem Wildwasserkanal.

Bäretriewer-Grillhütte
Informationen unter ☎ 07245/920249

Eggenstein-Leopoldshafen 76344

15300 Einwohner

Bürgermeisteramt Eggenstein-Leopoldshafen
Friedrichstr. 32 ☎ 0721/978860
info@egg-leo.de
www.egg-leo.de

Heimatmuseum in Leopoldshafen
Leopoldstr. 12/13 ☎ 0721/9788612
info@egg-leo.de
www.egg-leo.de
So 10.30–12 und 14–16 Uhr
Museum im ehemaligen, zwischen 1720 und 1730 erbauten Rathaus.

Rheinfähre „Peter Pan"
☎ 0176/21826198
Die Rheinfähre „Peter Pan" verkehrt zwischen Leopoldshafen und Leimersheim.

Enzklösterle 75337

1300 Einwohner

Gemeindeverwaltung Enzklösterle
Rathausweg 5 ☎ 0 70 85 / 9 23 30
rathaus@enzkloesterle.de
www.enzkloesterle.de

Adventure-Golfpark
Kurverwaltung Enzklösterle
Friedenstr. 16 ☎ 0 70 85 / 75 16
info@enzkloesterle.de
www.adventure-golfpark.de
„Abenteuer-Minigolf" im Schwarzwald.

Seewald Freizeitpark Enzklösterle
Enzklösterle-Poppeltal ☎ 0 70 85 / 78 12
info@riesenrutschbahn.de
www.riesenrutschbahn.de
Mo–So 10–20 Uhr (März–Okt)
Freizeitpark mit der längsten Sommerrodelbahn Süddeutschlands.

Krippena2000
Hirschtalstr. 30 ☎ 0 70 85 / 74 55
info@krippena2000.de
www.krippena2000.de
Die Ausstellung beherbergt die größte handgeschnitzte Weihnachtskrippe der Welt.

Waldklettergarten
Hirschtal, direkt beim Parkplatz
☎ 01 72 / 4 96 07 24
Fr 14–18, Sa–So 11–18 Uhr, Termine nach Vereinbarung
Klettergarten mit Seilbrücken unterschiedlicher Schwierigkeitsgrade in 4–12 m Höhe.

Eppingen 75031

21 000 Einwohner

Stadtverwaltung
Marktplatz 1 und 3 ☎ 0 72 62 / 92 00
rathaus@eppingen.de
www.eppingen.de

Archiv für die Geschichte des ländlichen Lebens (Raußmühle)
Sulzfelder Weg 40 ☎ 0 72 62 / 87 08
www.eppingen.de/de/freizeit/museen/raussmuehle-eppingen.php
Geöffnet nach Vereinbarung
Museum für bäuerliche Alltagskultur und zur Geschichte der „Volksmagie" und des Volksglaubens.

Bauernmuseum Richen
Hintere Gasse 35 ☎ 0 72 62 / 9 20-1151
E.-Richen
p.riek@eppingen.de
www.eppingen.de
Jeden 1. So im Monat 14–16 Uhr (Mai–Okt)
Kücheneinrichtung, Wohn- und Schlafstube, Wirtschaftsräume und Mostkeller vermitteln ein Bild von den Lebensverhältnissen in vorindustrieller Zeit.

Carillon in der katholischen Kirche „Unsere liebe Frau"
Besichtigung ☎ 0 72 62 / 22 19

Heimat- und Tabakmuseum Elsenz
Sinsheimer Str. 8 ☎ 0 72 62 / 9 20-1116
www.eppingen.de/de/freizeit/museen/heimat-tabakmuseum-elsenz.php
Jeden 1. So im Monat 14–16 Uhr (Mai–Okt)
Sehenswerte Sammlung heimatkundlicher Ausstellungsstücke zur Geschichte des Tabakanbaus in der Region.

Kulturdenkmal Pfeifferturm (ältestes Baudenkmal der Stadt)
☎ 0 72 62 / 9 20-1151
Jeden 1. So im Monat 14–16 Uhr (Mai–Okt)
Weitere Angaben siehe Stadt- und Fachwerkmuseum „Alte Universität".

Museum Zeugnisse religiösen Volksglaubens
Katholische Stadtpfarrei Eppingen
Kirchgasse 6 ☎ 0 72 62 / 22 19
webmaster@kath-eppingen.de
www.kath-eppingen.de

Stadt- und Fachwerkmuseum „Alte Universität"
Postfach 265 ☎ 0 72 62 / 9 20-1151
rathaus@eppingen.de
www.eppingen.de
Mi–So 14–16 Uhr

Steinhauermuseum Mühlbach
Hauptstr. ☎ 0 72 62 / 9 20-1151
www.eppingen.de
So 14–16 Uhr (Mai–Okt)
Das Museum dokumentiert die Geschichte des Steinhauerhandwerks vor Ort.

Weinstube Kleingartach
Zabergäustr. 25 ☎ 0 72 62 / 9 20-1151
www.eppingen.de/de/freizeit/museen/weinbaustube-kleingartach.php
Do 13.30–16.30 Uhr
Das Museum zeigt zahlreiche Dokumente und Exponate zur Geschichte des Weinbaus in Eppingen.

Ettlingen 76275

39 000 Einwohner

KVV-Kundenzentrum Ettlingen-Stadt
Bahnhof ☎ 0 72 43 / 1 81 58 85
Mo–Fr 7–11.30 und 13–16 Uhr,
Sa 9–15 Uhr

Stadtinformation Ettlingen
Im Schloss ☎ 0 72 43 / 10 13 80
info@ettlingen.de
www.ettlingen.de

Museum Ettlingen
Im Schloss ☎ 0 72 43 / 10 12 73
museum@ettlingen.de
www.swo.de/museumettlingen
Mi–So 10–17 Uhr
Das Museum Ettlingen ist in drei Abteilungen gegliedert: Albgaumuseum (Stadtgeschichte), Ostasiatische Kunst und Städtische Galerie (Badische Kunst von 1900 bis heute).

Schlossfestspiele Ettlingen
Kartenbüro ☎ 0 72 43 / 10 13 80
Betriebsbüro ☎ 0 72 43 / 10 13 82
schlossfestspiele@ettlingen.de
www.ettlingen.de

Albgaubad Ettlingen
Luisenstr. 14 ☎ 0 72 43 / 10 18 11
silke.deriesch@sw-ettlingen.de
www.albgaubad.de
Di–Do 10–22, Fr 8–22, Sa–So 10–20 Uhr (im Winter 10–19 Uhr)
Attraktives Freizeitbad mit ausgedehntem Saunabereich.

Forbach 76596

5300 Einwohner

Tourist-Information
Landstr. 27 ☎ 0 72 28 / 3 90
touristinfo@forbach.de
www.forbach.de

Straßencafés laden in der Ettlinger Innenstadt zum Verweilen ein.

Murgtal-Museum
Heimatverein Bermersbach
Mühlweg 4 ☎ 0 72 28 / 24 28
Jeden 1. und 3. So im Monat
14.30–17 Uhr (Mai–Sept)
Das Museum dokumentiert das Leben im Murgtal in der Vergangenheit.

Langlaufcenter Herrenwies
Loipen an der Schwarzwaldhochstraße
☎ 0 72 26 / 9 19 60
www.langlauf-center.de

Mehliskopf
Freizeit- und Sport-Zentrum-Mehliskopf GmbH & Co. KG
Badener Str. 10 ☎ 0 72 26 / 13 00
76473 Iffezheim
mail@mehliskopf.de
www.mehliskopf.de
Auf dem Mehliskopf werden Abfahrten, Langlauf, eine Bungy-Anlage zum Trampolinspringen und eine Bob-Bahn nicht nur für Wintersportler angeboten.

Freudenstadt 72250

23 500 Einwohner

Tourist Information
Kongresse · Touristik · Kur (KTK)
Marktplatz 64 ☎ 0 74 41 / 86 40
touristinfo@freudenstadt.de
www.freudenstadt.de

Heimatmuseum Freudenstadt im Stadthaus
Oberer Marktplatz
So 10–12 Uhr
Die lokalgeschichtliche Sammlung dokumentiert die Gründung der Renaissancestadt, alte Handwerke und Gewerbe sowie die Geschichte der Zerstörung Freudenstadts im Zweiten Weltkrieg.

Experimenta
Musbacher Str. 5 ☎ 0 74 41 / 89 29 23
info@experimenta-freudenstadt.de
www.experimenta-freudenstadt.de
Mo–So 10–18 Uhr (Sommer),
Mo–So 10–17 Uhr (Nov/Dez)
Das Erlebnis-Museum Experimenta ist eine Mischung aus Spaß, wissenschaftlichem Erkunden und physikalischen Phänomenen. Dabei können alle Experimente selber durchgeführt werden.

Historisches Silberbergwerk Freudenstadt
☎ 0 74 41 / 86 40
Sa–So 14–17 Uhr (Mai–Okt)
Altes Bergwerk zum Abbau von Schwerspat und Silber.

Panorama-Bad Freudenstadt
Ludwig-Jahn-Str. 60 ☎ 0 74 41 / 92 13 00
Mo–Sa 9–22, So 9–20 Uhr
stadtwerke@freudenstadt.de
www.panorama-bad.de
Freizeitbad mit Riesenwasserrutsche und Sauna- und Solarienlandschaft.

Gaggenau 76571

30 000 Einwohner

Tourist-Info Gaggenau
August-Schneider-Str. 20
☎ 0 72 25 / 7 96 69
touristinfo@stadt.gaggenau.de
www.gaggenau.de
Mo–Do 8.30–12 Uhr

klag-Bühne
Luisenstr. 17 ☎ 0 72 25 / 96 25 13
kulturamt@gaggenau.de
www.kulturrausch-gaggenau.de

Rotherma – Thermal-Mineralbad
Badstr. 9 ☎ 0 72 25 / 9 78 80
info@rotherma.de
www.rotherma.de
Mo–Sa 9–22, So 9–20 Uhr
Thermalbad mit Aromabad und Felsensauna.

Heimatmuseum in Gaggenau-Michelbach
Otto-Hirth-Str. 6 ☎ 0 72 25 / 7 14 91
www.heimatverein-michelbach.de
Jeden 1. So im Monat 11–16 Uhr

Museum für Flößerei und Waldgewerbe
Landstr. 43 ☎ 0 72 24 / 65 63 02
oder ☎ 0 72 24 / 48 16

Gaggenau-Hörden
fritz.ruf.2006@web.de
So 14–17 Uhr
2001 eröffnetes Museum mit Exponaten zur Murgtäler Wirtschaftsgeschichte.

Unimog-Museum
An der B 462, Ausfahrt Schloss Rotenfels ☎ 0 72 25 / 98 13 10
info@unimog-museum.de
www.unimog-museum.com
Di–So 10–17 Uhr
In dem einmaligen Museum sind Unimog-Fahrzeuge aus sechs Jahrzenten zu bewundern.

Germersheim 76726

21 000 Einwohner

Touristik und Verkehrsverein Landkreis Germersheim
Luitpoldplatz 1 ☎ 0 72 74 / 5 32 32
info@suedpfalz-tourismus.de
www.germersheim.de

Tourist-Info
Kolpingplatz 3 ☎ 0 72 74 / 96 02 60
Mo–Fr 8–18, Sa 8–12 Uhr
tourist-info@germersheim.eu
www.germersheim.de

Deutsches Straßenmuseum im Zeughaus
Im Zeughaus ☎ 0 72 74 / 50 05 00
info@deutsches-strassenmuseum.de
www.deutsches-strassenmuseum.de
Di– Fr 10–18, Sa–So 11–18 Uhr, für Gruppen werden nach Voranmeldung täglich Führungen (auch in Fremdsprachen) durchgeführt
Das Museum ist bundesweit einmalig. Es zeigt auf 5000 m² Exponate zur Geschichte der Straße und des Straßenbaus.

Stadt- und Festungsmuseum
Ludwigsring 2 ☎ 0 72 74 / 96 02 20
lhans@germersheim.de
Jeden 1. So im Monat 10–17 Uhr, sowie jeden Mi 14–18 Uhr (April–Nov), Festungsführungen: jeden 1. So im Monat 11–15 Uhr, Treffpunkt: Mittelpoterne Fronte Beckers (Richthofenstr./ An Fronte Beckers)
Auf mehr als 1000 m² Ausstellungsfläche erwartet den Besucher eine Fülle von Exponaten zur Geschichte der Stadt und Festung Germersheim.

Gernsbach 76593

14 400 Einwohner

Touristinfo Gernsbach
Igelbachstr. 11 ☎ 0 72 24 / 6 44 44
touristinfo@gernsbach.de
www.gernsbach.de
Mo–Fr 9–12 und 14–17, Sa 10–12 Uhr (Juni–Aug), Mo–Fr 9–12 und 14–16.30 Uhr (Sept–Mai)

Infozentrum Kaltenbronn
Kaltenbronner Str. 600 ☎ 0 72 24 / 65 51 97
info@infozentrum-kaltenbronn.de
www.infozentrum-kaltenbronn.de
Mi–So 10.30–17 Uhr (1. April–30. Sept), Mi–So 10.30–16.30 Uhr (1. Okt–31. März)
In sechs Räumen erlebt der Besucher die Vielfalt der einzigartigen Landschaft des Naturparks Schwarzwald Mitte/Nord.

Katz'scher Garten
Bleichstr. 9 ☎ 0 72 24 / 56 82
Führungen 0 72 24 / 6 44 44
www.katzscher-garten.de
Mo–So 10–18 Uhr (April–Okt)
Pittoresker Barock- und Skulpturengarten an der Murg.

Museum im Alten Amtshof
Schloßstr. 39 ☎ 0 72 24 / 6 57 08 02
Museum mit wechselnden Ausstellungen.

Museum im Storchenturm
Hauptstr. 57 ☎ 0 72 24 / 6 57 08 02
So 15–17 Uhr (im Sommer)

Im Storchenturm sind neben der Dauerausstellung „Turm sucht Storch" auch wechselnde Ausstellungen zu stadtgeschichtlichen Themen zu besichtigen.

Schloss Eberstein
☎ 07224/995 9500
www.schloss-eberstein.de
Es werden Führungen durch den neu angelegten Weinberg sowie durch das Arboretum, eine einmalige, über 30 Jahre alte Sammlung von über 300 einheimischen und fremden Baumarten rund um das Schloss, angeboten.

Waldmuseum Reichental
Kaltenbronner Str. 35 ☎ 07224/2925
Gernsbach-Reichental
So 14–18 Uhr (Mai–Okt)
Themenschwerpunkt der Ausstellung ist die Waldentwicklung der letzten 150 Jahre.

Gochsheim (Stadt Kraichtal) 76703

1700 Einwohner

Stadt Kraichtal
Rathausstr. 30 ☎ 07250/770
info@kraichtal.de
www.kraichtal.de

Badisches Bäckerei- und Erstes Deutsches Zuckerbäckermuseum
Hintere Gasse 2 ☎ 07250/7744
kultur@kraichtal.de
www.kraichtal.de
So 14–17 Uhr (April–Okt)
Das Museum präsentiert fast vergessene mechanische Arbeitsgeräte der „Weißen Zunft" wie Teigbrecher, Teigteil- oder Nudelschneidemaschinen sowie die Sammlung Alexander Pauels mit historischen Konditorformen.

Allianzwappen von 1685 am Schloss Gochsheim.

Museum der Stadt Kraichtal im Graf-Eberstein-Schloss
Hauptstr. 89 ☎ 07250/7744
kultur@kraichtal.de
So 14–17 Uhr (April–Okt)
Das Museum zeigt Exponate aus der Geschichte der Stadt, die sehenswerte Karl-Hubbuch-Sammlung sowie Werke der Kriegerstiftung.

Gondelsheim 75053

3200 Einwohner

Gemeinde Gondelsheim
Bruchsaler Str. 32 ☎ 07252/94440
rathaus@gondelsheim.de
www.gondelsheim.de

Karlsbad 76307

16 100 Einwohner

Gemeinde Karlsbad
Hirtenstr. 14 ☎ 07202/93040
rathaus@karlsbad.de
www.karlsbad.de

Museumsscheune Ittersbach und Heimatmuseum (im gleichen Gebäude)
Friedrich-Dietz-Str. 2 ☎ 07248/933099
karten@museumsscheune.de
www.museumsscheune.de
Jeden 1. So im Monat 13.30–17 Uhr (außer in den Sommerferien)
Nähere Infos über weitere Angebote:
Dieter Kappler ☎ 07248/4104
Kulturelle Veranstaltungen verschiedenster Art.

Karlsruhe

290 000 Einwohner

Badisches Landesmuseum Karlsruhe
Schloss ☎ 0721/9266514
76131 Karlsruhe
info@landesmuseum.de
www.landesmuseum.de
Di–Do 10–17, Fr–So 10–18 Uhr

Im 1715 erbauten Residenzschloss werden vielfältige Sammlungen präsentiert. Ein Glanzlicht ist die bedeutende Antikensammlung.

Badisches Staatstheater Karlsruhe
Baumeisterstr. 11 ☎ 07 21 / 3 55 70
76137 Karlsruhe
Karten: ☎ 07 21 / 93 33 33
kartenverkauf@badisches-staatstheater.de
www.badisches-staatstheater.de
Das Badische Staatstheater ist die zweitgrößte Bühne Baden-Württembergs und ein vielbesuchtes Dreisparten-Haus.

Karlsruher Messe- und Kongress-GmbH
Festplatz 9 ☎ 07 21 / 3 72 00
76137 Karlsruhe
info@kmkg.de
www.messe-karlsruhe.de

Museum beim Markt
Karl-Friedrich-Str. 6 ☎ 07 21 / 9 26 65 78
76133 Karlsruhe
info@landesmuseum.de
www.landesmuseum.de
Di–Do 11–17, Fr–So 10–18 Uhr
In dieser Außenstelle des Landesmuseums sieht der Besucher Sammlungen zur angewandten Kunst seit 1900.

Museum für Literatur am Oberrhein
Prinz-Max-Palais
Karlstr. 10 ☎ 07 21 / 1 33 40 87
76133 Karlsruhe
info@literaturmuseum.de
www.karlsruhe.de/Kultur/MLO
Di, Fr, So 10–18, Do 10–19, Sa 14–18 Uhr
Lebendige Literatur-Präsentation von der Klosterkultur über den Humanismus bis zur Gegenwartsliteratur.

Museum für Neue Kunst
im ZKM
Lorenzstr. 19 ☎ 07 21 / 81 00 13 00
76135 Karlsruhe
mfnk@zkm.de
http://on1.zkm.de/zkm/MuseumfuerNeueKunst
Mi–Fr 10–18, Sa–So 11–18 Uhr
Schwerpunkt der privaten Sammlungen ist die Malerei seit den 1950er Jahren.

Die 2003 eröffnete neue Messe Karlsruhe.

Museum in der Majolika-Manufaktur
Ahaweg 6 ☎ 07 21 / 9 26 65 83
76131 Karlsruhe
info@majolika-karlsruhe.com
www.majolika-karlsruhe.com
Di–So 10–13 und 14–17 Uhr
Das Museum gibt mit mehr als 300 ausgewählten Exponaten einen Überblick über die Produktion der Staatlichen Majolika-Manufaktur.

Staatliches Museum für Naturkunde Karlsruhe
Erbprinzenstr. 13 ☎ 07 21 / 1 75 21 11
76133 Karlsruhe
museum@naturkundeka-bw.de
www.smnk.de
Di–Fr 9.30–17, Sa–So 10–18 Uhr
Zu sehen sind eine große naturkundliche Daueraustellung und wechselnde Sonderausstellungen zur Ökologie und Zoologie.

Staatliche Kunsthalle Karlsruhe
Hans-Thoma-Str. 2–6 ☎ 07 21 / 9 26 33 59
76133 Karlsruhe
info@kunsthalle-karlsruhe.de
www.kunsthalle-karlsruhe.de
Di–Fr 10–17, Sa–So 10–18 Uhr
Der Schwerpunkt der sieben Jahrhunderte umfassenden Sammlungen liegt auf der deutschen, französischen und flämischen Malerei.

Städtische Galerie Karlsruhe
beim ZKM, Lichthof 10
Lorenzstr. 27 ☎ 07 21 / 1 33 44 01
76135 Karlsruhe
staedtische-galerie@karlsruhe.de
www.staedtische-galerie.de
Mi–Fr 10–18, Sa–So 11–18 Uhr
Schwerpunkte der Sammlung sind die Kunst im deutschen Südwesten und die deutsche Kunst nach 1945.

Zentrum für Kunst und Medientechnologie (ZKM)
Lorenzstr. 19 ☎ 07 21 / 81 00 12 00
76135 Karlsruhe
info@zkm.de
www.zkm.de
Mi–Fr 10–18, Sa–So 11–18 Uhr
Das 1997 eröffnete ZKM ist eine weltweit einzigartige Kulturinstitution, die sich mit den neuen Medien auseinandersetzt.

Knittlingen 75438

7800 Einwohner

Rathaus
Marktstr. 19 ☎ 0 70 43 / 37 30
stadt.knittlingen@knittlingen.de
www.knittlingen.de

Faust-Archiv

Kirchplatz 9 ☎ 0 70 43 / 95 16 10
faustmuseum@knittlingen.de
Öffnungszeiten für Sonderausstellungen:
Di–Do 13.30–17, Fr 9.30–12,
So 13.30–18 Uhr (Archivbenutzung nach Anmeldung)
Neben einer gut sortierten Bibliothek befindet sich im Faust-Archiv auch eine Galerie mit Sonderausstellungen zum Thema Faust.

Faust-Museum

Kirchplatz 2 ☎ 0 70 43 / 3 73 70
faustmuseum@knittlingen.de
Di–Fr 9.30–12 und 13.30–17, Sa–So 10–18 Uhr
Das Museum zeigt alles Sehenswerte zum berühmten Sohn der Stadt.

Kraichgau

Bad Schönborn: 12 400 Einwohner
Kraichtal: 15 000 Einwohner
Östringen: 13 000 Einwohner
Ubstadt-Weiher: 12 800 Einwohner

Kraichgauer Wohlfühlland

c/o Kurverwaltung Bad Schönborn
Kraichgaustr. 10 ☎ 0 72 53 / 9 43 10
76669 Bad Schönborn
kontakt@wohlfuehlland.info
www.wohlfuehlland.info

Kurverwaltung Bad Schönborn

Kraichgaustr. 10 ☎ 0 72 53 / 9 43 10
76669 Bad Schönborn
touristik@bad-schoenborn.de
www.bad-schoenborn.de
Mo–Fr 9–12 und 14–17, Sa 10–12 Uhr

Kraichgau-Stromberg Tourismus e. V.

Melanchthonstr. 3 ☎ 0 72 52 / 9 63 30
75015 Bretten
info@kraichgau-stromberg.com
www.kraichgau-stromberg.com

Stadtverwaltung Kraichtal

Rathausstr. 30 ☎ 0 72 50 / 7 70
76703 Kraichtal
info@kraichtal.de
www.kraichtal.de

Bürgerbüro Rathaus Östringen

Am Kirchberg 19 ☎ 0 72 53 / 2 07 88
76684 Östringen
buergerbuero@oestringen.de
www.oestringen.de

Touristikinformation Ubstadt-Weiher

Bruchsaler Str. 1–3 ☎ 0 72 51 / 61 70
76698 Ubstadt-Weiher
gemeinde@ubstadt-weiher.de
www.ubstadt-weiher.de

Bürgerhaus (Langenbrücken)

Römerstr. ☎ 0 72 53 / 42 09
76669 Bad Schönborn
Do und 1. So im Monat 15–18 Uhr

Gustav-Wolf-Kunstgalerie

Am Leiberg ☎ 0 72 53 / 2 75 76
76684 Östringen
Mi 14–16, So 14–18 Uhr

Heimatmuseum Östringen

Hauptstr. 100 ☎ 0 72 53 / 27 84 40
76684 Östringen
Jeden 2. So im Monat 14–17 Uhr
Das Museum beherbergt eine heimatkundliche Sammlung und zeigt die Geschichte Östringens und seiner Stadtteile.

Heimatmuseum der Parabutscher-Donauschwaben

Trechterweg ☎ 0 72 53 / 42 09
76669 Bad Schönborn-Langenbrücken
Das Heimatmuseum dokumentiert das Werden und Vergehen der deutschen Gemeinde Parabutsch im Zwischenstromland Donau und Theiß.

Puppenmuseum

Monestr. 16 ☎ 0 72 53 / 5 05 20
76669 Bad Schönborn
Mi, So 14–18 Uhr
Zur Sammlung gehören neben Käthe-Kruse- und Schildkrötpuppen auch Puppen von Kämmer & Reinhard, Heubach, Simon & Halbig, Kestner und Wernicke.

Römermuseum Stettfeld

Marcellusplatz ☎ 0 72 53 / 7 02 98
76698 Ubstadt-Weiher

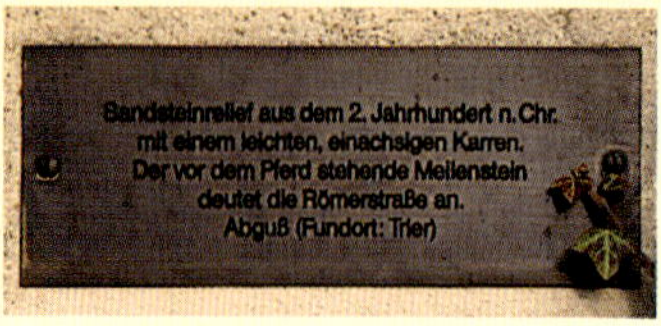

Ein römisches Relief ziert die Mauer am Römermuseum Stettfeld.

info@roemermuseum-stettfeld.de
www.roemermuseum-stettfeld.de
So 10–12 und 14–17 Uhr
Zahlreiche Keramik-, Glas- und Metall-Fundstücke aus der Römerzeit können besichtigt werden.

Ursula Blickle Stiftung
Mühlweg 18 ☎ 07251/60919
76703 Kraichtal
www.ursula-blickle-stiftung.de
Die Stiftung sieht ihre Aufgabe darin, zeitgenössische Kunst, junge Künstler, aber auch junge Kuratoren zu fördern.

Hardtsee
Freizeitzentrum Ubstadt-Weiher
76698 Ubstadt-Weiher
☎ 07251/961394
info@hardtsee.de
www.hardtsee.de
Das 70 ha große Freizeitzentrum Hardtsee ist insbesondere für junge Familien eine Einrichtung mit hohem Erholungswert.

Sigel-Therme
Badstr. 26 ☎ 07253/860
76669 Bad Schönborn
sigel-klinik@t-online.de
www.sigel-klinik.de
Mo 14–21, Di–Fr 9–21, Sa 9–19, So 8–18 Uhr
Die Becken des Heilbades werden von der mineralhaltigen Thermal-Sole gespeist.

Thermarium
Kraichgaustr. 14 ☎ 07253/80270
76669 Bad Schönborn
info@thermarium.de
www.thermarium.de
Mo 14–22, Di–Sa 9–22, So 9–20 Uhr
Thermalbad mit vielfältigen Aqua-Fitness-Programmen und Aromamassage.

CVJM Baden/Lebenshaus
Mühlweg 10 ☎ 07251/982462 0
76703 Kraichtal
lebenshaus@cvjmbaden.de
www.cvjmbaden.de

Kleintierpark Bad Schönborn e. V.
Schlossweg 20 ☎ 07253/32766
76669 Bad Schönborn

Kuppenheim 76456

7600 Einwohner

Stadt Kuppenheim
Rathaus Friedensplatz ☎ 07222/94620
stadt@kuppenheim.de
www.kuppenheim.de

Bilderhalle Grochowiak
Prof. Thomas Grochowiak
Rheinstr. 33 ☎ 07222/949605
Private Kunsthalle. Besichtigung nach telefonischer Anmeldung möglich.

Familienbad Cuppamare
Badstr. 4 ☎ 07222/42186
cuppamare@kuppenheim.de
www.cuppamare.de
Freizeitbad mit großem Außenbereich, Wellenbecken, Spielplatz und Sauna. Die saisonabhängigen Öffnungszeiten können im Bad erfragt werden und finden sich auch im Internet.

Liedolsheim

siehe Gemeinde Dettenheim

Linkenheim-Hochstetten 76351

12000 Einwohner

Bürgermeisteramt Linkenheim-Hochstetten
Karlsruher Str. 41 ☎ 07247/8020

gemeinde@linkenheim-hochstetten.de
www.linkenheim-hochstetten.de

Sternwarte Linkenheim-Hochstetten
Schulstr. 15 ☎ 0 72 47 / 71 26
Ansprechpartner: Heinz Rastetter
Jeden 1. und 3. Di im Monat ab 20 Uhr (im Sommer ab 21 Uhr)
Die Sternwarte hat einen Durchmesser von 4 m und ist 5,20 m hoch.

Malsch 76316

14 500 Einwohner

Gemeinde Malsch
Hauptstr. 71 ☎ 0 72 46 / 70 70
anzeiger@malsch.de
www.malsch.de

Stadtmühle Malsch, Mühlenmuseum
Hauptstr. 30 ☎ 0 72 46 / 70 72 15
Historische Mühle mit oberschlächtigem Wasserrad.

Heimatmuseum Völkersbach
Bergfeldstr. 3 ☎ 0 72 04 / 5 24
Jeden 1. So im Monat 14–16 Uhr (März–Okt)
Das Museum zeigt u. a. eine Schneiderstube aus dem frühen 20. Jahrhundert.

Schindlerhaus
Waldprechtsstr. 67 ☎ 0 72 46 / 9 20 90
info@schindlerhaus.de
www.schindlerhaus.de
Jeden 1. So im Monat 14–17 Uhr
Zahlreiche Werke sowie Objekte aus dem Nachlass Theodor Schindlers werden in seinem ehemaligen Wohnhaus präsentiert.

Marxzell-Frauenalb 76359

5500 Einwohner

Gemeinde Marxzell
Karlsruher Str. 2 ☎ 0 72 48 / 9 14 70
gemeinde@marxzell.de
www.marxzell.b-kunz.de

Fahrzeug-Museum Marxzell
Ortsteil Marxzell ☎ 0 72 48 / 62 62
Reichert-marxzell@t-online.de
www.fahrzeugmuseum-marxzell.de
Mo–So 14–17 Uhr
Viele verschiedene Oldtimer und ein historisches Kino, in dem zu jeder vollen Stunde ein Autofilm gezeigt wird.

Maulbronn 75433

6800 Einwohner

Stadtverwaltung Maulbronn
Klosterhof 31 ☎ 0 70 43 / 10 30
info@maulbronn.de
www.maulbronn.de

Museum Steinhauerstube
Hauptstr. 1 ☎ 0 70 43 / 64 25
M.-Schmie oder 0 70 43 / 1 03 16
stadtverwaltung@maulbronn.de
Jeden 1. und 3. So des Monats 14–18 Uhr (April–Okt)
Die Ausstellung zeigt die Geschichte des lokalen Steinhauerhandwerks, außerdem zahlreiche Exponate, Bilder und Texte.

Zisterzienserkloster Maulbronn
Klosterhof 31 ☎ 0 70 43 / 92 66 40
info@kloster-maulbronn.de
www.kloster-maulbronn.de
Mo–So 9–17.30 Uhr (1. März–31. Okt)
Mo–So 9.30–17 Uhr (1. Nov–28. Feb)

Mühlacker 75417

25 900 Einwohner

Heimatmuseum
Kelterplatz 5 ☎ 0 70 41 / 87 63 26
Museumsleitung: Adelheid Teschner
☎ 0 70 41 / 87 63 25
museum@stadt-muehlacker.de
So 14–17 Uhr oder „nach Bedarf und Anfrage rund um die Uhr"
Das Museum ist im Gebäude einer alten Kelter untergebracht. Zu sehen sind zahlreiche Exponate aus der Stadtgeschichte.

Heimatmuseum Mühlacker.

Naturpark Schwarzwald Mitte/Nord e.V.

Naturpark-Haus
Schwarzwaldhochstr. 2 ☎ 07449/913054
77889 Seebach
info@naturparkschwarzwald.de
www.naturparkschwarzwald.de

Neuenbürg 75305

7700 Einwohner

Stadtverwaltung Neuenbürg
Rathausstr. 2 ☎ 07082/79100
stadtverwaltung@neuenbuerg.de
www.neuenbuerg.de

Schloss Neuenbürg
☎ 07082/792860
info@schloss-neuenbuerg.de
www.schloss-neuenbuerg.de
Di–Sa 13–18, So 10–18 Uhr (7. Jan–Mitte Feb geschlossen)
Im Schloss befinden sich das begehbare Theater „Das kalte Herz" und eine Ausstellung zur Schloss- und Regionalgeschichte. Das Museum im Schloss ist ein Zweigmuseum des Badischen Landesmuseums Karlsruhe.

Eisenerzbergwerk Frischglück
kontakt@frischglueck.de
www.frischglueck.de
Sa–So 10–17 Uhr (4. April–1. Nov)
Der Besucher bekommt in den imposanten Stollen einen guten Eindruck von der Arbeitswelt der Bergleute in früheren Zeiten.

Oberderdingen 75038

10500 Einwohner

Gemeindeverwaltung Oberderdingen
Amthof 13 ☎ 07045/43101
gemeindeverwaltung@oberderdingen.net
www.oberderdingen.de

Museum und Galerie im Aschingerhaus
Aschingerstr. 3 ☎ 07045/202650
aschingerhaus@oberderdingen.net
Mi–So 14–17 Uhr
Wirtschaftsgeschichtliche Dauerausstellung und wechselnde Kunstausstellungen.

Vinothek und Infothek in der Schafscheuer
Heinfelser Platz 3 ☎ 07045/202766
touristikinfo@oberderdingen.net
Mo–Sa 9.30–12.30, Di–Fr 15–18, So 14–17 Uhr
Touristinformation sowie zentrale Anlaufstelle für den Weintouristen.

Oberhausen-Rheinhausen 68794

9450 Einwohner

Gemeindeverwaltung Oberhausen-Rheinhausen
Adlerstr. 3 ☎ 07254/5030
info@oberhausen-rheinhausen.de
www.oberhausen-rheinhausen.de

Schloss Neuenbürg.

Postmuseum Rheinhausen
Hauptstr. 3 ☏ 0 72 54 / 12 19
www.oberhausen-rheinhausen.de
Jeden 2. So im Monat (außer Aug/Sept)
15–17 Uhr
Zu sehen sind u. a. Urkunden, Fotos, historische Briefkästen, Posthörner und Briefmarken.

Ötigheim 76470

4400 Einwohner

Gemeinde Ötigheim
Schulstr. 3 ☏ 0 72 22 / 9 19 70
gemeindeverwaltung@oetigheim.de
www.oetigheim.de

Volksschauspiele Ötigheim
Kirchstr. 5 ☏ 0 72 22 / 96 87 90
info@volksschauspiele.de
www.volksschausspiele.de
Die Freilichtbühne in Ötigheim fördert das Laienspiel als gemeinnütziger Verein; das Theater bietet den Besuchern ungefähr 4000 überdachte Sitzplätze.

PAMINA-Rheinpark

PAMINA-Rheinpark
Projektkoordination
Am Schlossplatz 5
☏ 0 72 22 / 3 81 30 01
76437 Rastatt
amt31@landkreis-rastatt.de
www.pamina-rheinpark.org

PAMINA-Zentrale
im Riedmuseum in Rastatt-Ottersdorf
☏ 0 72 22 / 2 55 09
info@pamina-rheinpark.org

Flößereimuseum mit Freilichtbereich
im Rathaus Steinmauern
Hauptstr. 82 ☏ 0 72 22/ 9 27 50
76479 Steinmauern
rathaus@steinmauern.de
www.steinmauern.de
Jeden 1. So im Monat 14–17 Uhr
(Feb–Dez)
Liebevoll gestaltete Ausstellung zu Leben und Arbeit der Steinmauerner Flößer. Das Flößereimuseum wurde im Jahre 2001 um einen großzügigen Freilichtbereich erweitert.

Hardtmuseum
siehe Durmersheim

Knielinger Museum im Hofgut Maxau
Markgräfliches Hofgut Maxau
76187 Karlsruhe-Knielingen
Informationen unter:
Förderverein Knielinger Museum e. V.
Saarlandstr. 13 ☏ 07 21 / 56 22 69
76187 Karlsruhe
ute@muellerschoen.info
museum@knielingen.de
www.museum.knielingen.de
So 14–17 Uhr (Juni–Sept)
Ein liebenswert eingerichtetes Museum, das sich der Knielinger Geschichte annimmt.

Museum „Arbeit am Rhein"
Rathausplatz 8 ☏ 0 72 45 / 9 30 10
76477 Elchesheim-Illingen
buergermeisteramt@elchesheim-illingen.de
Jeden 1. und 3. So im Monat 14–17 Uhr
Der Schwerpunkt der Ausstellung liegt auf den rheintypischen Erwerbszweigen Fischerei, Goldwäscherei, Korbflechterei und Holzschuhmacherei.

Museum „Haus Krumacker" – Archäologie
2, rue du Général Schneider
F-67470 Seltz
☏ 00 33 / 3 88 05 59 79
tourisme@seltz.fr
www.seltz.fr
Mo 13–17.30, Di–Do 8–12 und 13.30–17.30, Fr 8–12 und 13.30–16.30 Uhr
Jeden 1. So im Monat 14–17 Uhr
Archäologische Sammlung mit Funden aus der Region.

Museum „Wachthaus"
Office du Tourisme Rhin et Nature de Mothern
7, rue Kabach ☏ 00 33 / 3 88 94 86 67
F-67470 Mothern
office.tourisme.mothern@wanadoo.fr
Jeden 1. und 3. So im Monat 14–17 Uhr
(Feb–Dez), Mo–Fr 14–18, Sa 14–17 Uhr

(Mai–Sept); weitere Öffnungszeiten erfragen Sie bitte telefonisch
Schwerpunkt dieses Museums sind „Mythen und Legenden am Rhein".

Naturschutzzentrum Karlsruhe-Rappenwört
Hermann-Schneider-Allee 47
76189 Karlsruhe
☏ 07 21 / 95 04 70
info@nazka.de
www.naturschutzzentren-bw.de
Di–Fr 12–18, So 11–18 Uhr (April–Sept)
Di–Fr 12–17, So 11–17 Uhr (Okt–März)
Eine moderne Dauerausstellung vermittelt Einblicke in die „Natur" der Rheinaue.

Naturschutzzentrum Munchhausen (C. I. N. E.)
Maison de la nature
42, rue de Rhin ☏ 00 33 / 3 88 86 51 67
F-67470 Munchhausen
cin@nature-munchhausen.com
www.nature-munchhausen.com
Mo–Do 9–18, Fr 9–17 Uhr
Im Naturschutzzentrum gibt es u. a. eine pädagogische Dokumentation und eine zweisprachige Bibliothek zu ökologischen Themen.

Rheinaue-Museum Neuburg/Rhein
Hauptstr. 50/52 ☏ 0 72 73 / 12 26
76776 Neuburg am Rhein
gemeinde.neuburg@t-online.de
www.neuburg-rhein.de
Do 10–12 Uhr
Jeden 1. und 3. So im Monat 10.30–12 und 13–17 Uhr (Mai–Okt)
Der Besucher wird über das Leben am Strom – heute und in früherer Zeit, die einzelnen Lebensabschnitte der Rheinauenbewohner und über die Rheinschifffahrt informiert.

Riedmuseum
Am Kirchplatz 6 u. 8 ☏ 0 72 22 / 2 55 09
76437 Rastatt-Ottersdorf
info@pamina-rheinpark.org
Fr–So 14–18 Uhr, Jan geschlossen
Das Museum zeigt ein riedtypisches Wohnhaus mit Ölmühle, Ställen und Gartenbereich. In der restaurierten Ölmühle können die einzelnen Arbeitsgänge der Speiseölgewinnung nachvollzogen werden.

Pfinztal 76327

18 100 Einwohner

Rathaus Pfinztal
Hauptstr. 70 ☏ 0 72 40 / 6 20
Pfinztal-Söllingen
rathaus@pfinztal.de
www.pfinztal.de

Pforzheim

120 000 Einwohner

Tourist-Information Pforzheim
Im Neuen Rathaus
Marktplatz 1 ☏ 0 72 31 / 39 37 00
tourist-info@ws-pforzheim.de
Mo–Fr 10–18, Sa 10–13 Uhr

Technisches Museum der Schmuck- und Uhrenindustrie
Bleichstr. 81 ☏ 0 72 31 / 39 28 69
75173 Pforzheim
simone.flumm@stadt-pforzheim.de
www.technisches-museum.de
Mi 9–12 und 15–18 Uhr, jeden 2. und 4. So im Monat 10–17 Uhr
Das Museum zeigt eine Vielzahl auch heute noch funktionstüchtiger Maschinen, an denen die Mitarbeiter die frühere Arbeitsweise der Goldschmiede und Uhrmacher demonstrieren.

Schmuckmuseum
Jahnstr. 42 ☏ 0 72 31 / 39 21 26
75173 Pforzheim
schmuckmuseum@stadt-pforzheim.de
www.schmuckmuseum.de
Di–So und Feiertage 10–17 Uhr
Zu sehen sind 2000 Exponate, die 5000 Jahre Schmuckgeschichte abbilden.

Museum Gegen das Vergessen
Hagenschießstr. 9 ☏ 0 72 31 / 6 21 91
Führungen ☏ 0 72 31 / 4 24 33 40
www.pforzheim.ddr.museum
So 11–15 Uhr,
Führungen nach Vereinbarung
Ausstellung, die zahlreiche Exponate zur Geschichte der DDR zeigt.

Museum Johannes Reuchlin.

Museum Johannes Reuchlin
Evangelische Schloss- und Stiftskirche St. Michael
Schloßberg 14 ☎ 0 72 31 / 39 21 13
kult@stadt-pforzheim.de
Mo und Fr 15–18, So 12–17 Uhr
Das Museum lädt dazu ein, den bekannten Humanisten wieder zu entdecken.

Stadtmuseum
Westliche Karl-Friedrich-Str. 243 ☎ 0 72 31 / 39 25 59
75172 Pforzheim
kult@stadt-pforzheim.de
Di–Do 14–17, So 10–17 Uhr
Das Museum erzählt die bewegte Stadtgeschichte der Goldstadt von den Flößern bis zu den Goldschmieden.

Philippsburg 76661

12 700 Einwohner

Stadtverwaltung Philippsburg
Rote-Tor-Str. 10 ☎ 0 72 56 / 8 70
info@philippsburg.de
www.philippsburg.de

Festungs- und Waffengeschichtliches Museum
Schlachthausstr. 2 ☎ 0 72 56 / 8 71 21
Edelgart.braun@philippsburg.de
www.philippsburg.de
Jeden 1. So im Monat
Besichtigungen sind nach Anmeldung bei der Stadtverwaltung möglich
Das Museum ist in drei Abteilungen gegliedert: Geschichtliche Entwicklung, Stadt- und Reichsfestung Philippsburg und Waffengeschichtliche Sammlungen des 16. bis 19. Jahrhunderts.

Rastatt 76437

47 500 Einwohner

Verkehrsgesellschaft Rastatt (VERA)
Kaiserstr. 50 ☎ 0 72 22 / 9 72 40 40
Mo–Do 8–12 und 13–15.30, Fr 8–13 Uhr

Touristinformation Rastatt
Herrenstr. 18 (Schloss) ☎ 0 72 22 / 9 72 12 20
touristinfo@rastatt.de
www.rastatt.de
Mo–Do 8.30–12 und 12.45–16.30, Fr 8.30–12 und 12.45–15 Uhr

Amt für Stadtmarketing
Kundenbereich Wirtschaftsförderung und Stadtmarketing
Kaiserstr. 46 ☎ 0 72 22 / 97 20
stadtmarketing@rastatt.de
ingrid.hollmann@rastatt.de

Schloss Rastatt
Di–So 10–17 (April–Okt), 10–16 Uhr (Nov–März)
Informationen:
Barockresidenz Rastatt
Herrenstr. 18 ☎ 0 72 22 / 97 83 85
www.schloss-rastatt.de

Schloss Favorite
Favoritestr. ☎ 0 72 22 / 4 12 07
Rastatt-Förch
www.schloesser-magazin.de
Di–So 10–18 Uhr (16. März–30. Sept)
Di–So 10–16 Uhr (1. Okt–15. Nov)

Maria-Einsiedeln-Kapelle
Kapellenstr. 24
Ansprechpartner: Schlossverwaltung Rastatt ☎ 0 72 22 / 97 83 85

Städtische Galerie Fruchthalle
Kaiserstr. 48 ☎ 0 72 22 / 9 72 84 10
galerie@rastatt.de
Fr–So 10–17 Uhr
Themenschwerpunkt der Städtischen Galerie Fruchthalle und ihrer Sammlung ist die Kunst in Baden nach 1945.

Wasserturm
Kapellenstr. ☎ 0 72 22 / 77 30

Der Wasserturm ist eines der Wahrzeichen von Rastatt.

Stadtmuseum Rastatt
Herrenstr. 11 ☎ 07222/9728400
www.rastatt.de
Fr–So 10–17 Uhr
Das Museum widmet sich der wechselvollen Geschichte der Stadt Rastatt.

Wehrgeschichtliches Museum
Herrenstr. 18 ☎ 07222/34244
www.wgm-rastatt.de
information@wgm-rastatt.de
Di–So 10–17.30 Uhr (April–Okt)
Di–So 10–16.30 Uhr (Nov–März)
Das Wehrgeschichtliche Museum gehört mit seinen Sammlungen und der modernen Ausstellungspräsentation zu den führenden Militärmuseen Europas.

Kasematten
Besichtigungen ☎ 07222/9721220
Unterirdische Festungsanlage im Herzen Rastatts.

Rheinmünster 77836

6600 Einwohner

Gemeinde Rheinmünster
Lindenbrunnenstr. 1 ☎ 07227/95550
gemeinde@rheinmuenster.de
www.rheinmuenster.de

Rheinfähren
Greffern-Drusenheim
☎ 0033/388597640
Fährzeiten:
Mo–Fr 6–22, Sa–So 6.40–22 Uhr (1. April–30. Sept)
Mo–Fr 6–20, Sa–So 7–22 Uhr (1. Okt–31. März)

Freizeitcenter Oberrhein GmbH & Co. KG Camping-, Ferien- und Erholungspark
Am Campingpark 1 ☎ 07227/2500
info@freizeitcenter-oberrhein.de
www.freizeitcenter-oberrhein.de
Mo–Sa 8–13 und 14–17 Uhr
Freizeitanlage mit ausgedehntem Sportangebot, das von Tennis über Minigolf bis zu Surfen und Segeln reicht. Besonders empfehlenswert für Familien.

Rheinstetten 76287

20500 Einwohner

Stadt Rheinstetten
Rappenwörthstr. 49 ☎ 07242/95140
rathaus@rheinstetten.de
www.rheinstetten.de

Heimatmuseum
Heimatverein Rheinstetten e. V.
Mühlburger Str. 26
Vorsitzender:
Hr. Roth ☎ 0721/5966260

Rheinfähre „Baden-Pfalz"
www.rheinfaehre-neuburg.de
Fährzeiten:
Mo–Fr 6.45–19, Sa 9–18, So 10–18 Uhr (April)
Mo–Sa 6.45–20, So 9–20 Uhr (ab Mai)

Museum zur Siedlungsgeschichte im PAMINA-Raum
Rheinstr. 16 ☎ 07242/9514450 (Stadtverwaltung)
Jeden 1. und 3. So im Monat sowie an Feiertagen 14–17 Uhr, in den Sommerferien Sa–So 14–17 Uhr, Jan geschlossen
Zu sehen sind auf 200 m² etwa 100 Objekte wie Schulbänke, Küchen und landwirtschaftliche Geräte.

Rheinzabern 76764

4900 Einwohner

Terra Sigillata
Hauptstr. 35 ☎ 07272/955893
info@terra-sigillata-museum.de
www.terra-sigillata-museum.de
Di–So 11–17 Uhr
Das Museum zeigt archäologische Funde aus dem bedeutendsten Töpfereibetrieb der Römerzeit nördlich der Alpen.

Rußheim

siehe Gemeinde Dettenheim

Speyer 67346

50000 Einwohner

Tourist-Information Speyer
Maximilianstr. 13 ☎ 06232/142392
touristinformation@stadt-speyer.de
www.speyer.de
Mo–Fr 9–17, Sa 10–12 Uhr (Nov–März)
Mo–Fr 9–17, Sa 10–15, So 10–14 Uhr (April–Okt)

Historisches Museum der Pfalz
Domplatz ☎ 06232/13250
info@museum.speyer.de
www.museum.speyer.de
Di–So 10–18 Uhr
Sammlungen zur Kunst- und Kulturgeschichte der Stadt Speyer und der Pfalz.

IMAX-Filmtheater
Am Technik-Museum 1 ☎ 06232/67080
www.imax-kinos.de
Im IMAX-Filmtheater werden Filme auf eine überdimensionale Leinwand projiziert.

Sea Life Speyer
Im Hafenbecken 5 ☎ 06232/69780
slcspeyer@merlinentertainment.biz
www.sealifeeurope.com
Mo–Fr 10–17, Sa–So 10–18 Uhr
Im Sea Life lernt der Besucher die Unterwasserwelt des Rheins in seinem Verlauf bis in den Atlantik kennen – Höhepunkt ist ein begehbarer Unterwassertunnel.

Technik-Museum
Am Technik-Museum 1 ☎ 06232/67080
speyer@technik-museum.de
www.technik-museum.de
Zu sehen gibt es zahlreiche Exponate aus den Bereichen Luftfahrt, Eisenbahn, Feuerwehr und Schiffsbau.

Stutensee 76297

23500 Einwohner

Stadt Stutensee
Rathausstr. 1–3 ☎ 07244/9690
rathaus@stutensee.de
www.stutensee.de

Hugenotten- und Heimatmuseum Friedrichstal
Am Marktplatz 1 ☎ 07249/6075
Stutensee-Friedrichstal
alt-friedrichsthal@stutensee.net
www.stutensee.net/vhs/hugmuseum
Jeden 1. So im Monat 11–16 Uhr
Zu sehen gibt es zahlreiche Exponate zur Geschichte der Hugenotten der Gemeinde Friedrichstal.

Sulzfeld 75056

4700 Einwohner

Gemeinde Sulzfeld
Am Rathausplatz 1 ☎ 07269/780
info@sulzfeld.de
www.sulzfeld.de

Burg Ravensburg
Freiherr von Gölersche Verwaltung
Hauptstr. 44 ☎ 07269/91410
www.burg-ravensburg.de
Das Weingut auf der Ravensburg umfasst 28 ha Rebfläche.

Bürgerhaus
Kontakt: Gemeinde Sulzfeld

Waghäusel 68753

20500 Einwohner

Stadtverwaltung Waghäusel
Gymnasiumstr. 1 ☎ 07254/207-0
Stadtverwaltung@waghaeusel.de
www.waghaeusel.de

Eistreff Waldbronn.

Eremitage
Friedrich-Hecker-Allee
Infos s. unter Stadtverwaltung

Waldbronn 76337

12 400 Einwohner

Kurverwaltung Waldbronn
Bergstr. 32 ☎ 0 72 43 / 5 65 70
kontakt@kv-waldbronn.de
www.waldbronn.de

Heimatstuben Waldbronn e. V.
Stuttgarter Str. 23 ☎ 0 72 43 / 60 91 56
w.anderer@waldbronn.de
www.waldbronn.de/heimatstuben
Mi 15–17 Uhr
Das Heimatmuseum veranschaulicht die bäuerlichen Lebensverhältnisse in der Vergangenheit.

Radiomuseum
Stuttgarter Str. 25 ☎ 0 72 43 / 60 91 56
Mi und jeden 1. Sa im Monat 15–17 Uhr
Das Radiomuseum zeigt die Sammlung von Manfred Schneider. Insgesamt sind über 400 historische Radiogeräte zu sehen.

Albtherme
Bergstr. 32 ☎ 0 72 43 / 5 65 70
kontakt@kv-waldbronn.de
www.albtherme-waldbronn.de
Mo–Fr 10–22, Sa–So 9–22 Uhr
Vier Thermalbecken und eine großzügige Saunawelt laden zum Entspannen ein. Ein besonderes Angebot sind Seifenbürsten-Massagen oder eine Fango-Behandlung.

Eistreff Waldbronn
Ermlis-Allee 1 ☎ 0 72 43 / 5 65 70
www.eistreff-waldbronn.de
Do 15–22, Fr 15–23, Sa 10–23,
So 10–19 Uhr
Eislauf-Vergnügen in zwei vollklimatisierten Hallen.

Waikila Kinderland
☎ 0 72 43 / 76 66 22
www.waikila-in-sicht.com
Mo–Fr 10–20 Uhr, Sa–So und in allen Schulferien 9–20 Uhr
Kinderparadies mit Freibad, Mini-Kartbahn, Trampolinfeldern und Kletterberg.

Weingarten 76356

9700 Einwohner

Bürgermeisteramt
Rathaus, Marktplatz 2 ☎ 0 72 44 / 7 02 00
gemeinde@weingarten-baden.de
www.weingarten-baden.de

Walk'sches Haus
Marktplatz 7 ☎ 0 72 44 / 7 03 70
www.walksches-haus.de
Die Grundmauern des sehenswerten Fachwerkhauses stammen aus dem Jahr 1509.

Texte
Stadtspaziergänge und Ausflüge:
Klaus Müller
Informationen und Redaktion:
G. Braun Buchverlag

Wir danken den Städten und Gemeinden, dem Regionalverband Mittlerer Oberrhein und dem Karlsruher Verkehrsverbund (KVV) für die konstruktive und vertrauensvolle Zusammenarbeit.

Fotos
Tourismusbüro Bad Herrenalb: 12 o. und u.
Archiv Staatsbad Bad Wildbad: 16, 17, 18
Friedrichsbad Baden-Baden: 23
BBT: 19, 21, 25
Baiersbronn Touristik: 27
Touristinformation Bühl: 41, 42, 43
Bürgermeisteramt Eggenstein-Leopoldshafen: 48
Kurverwaltung Enzklösterle: 51, 52
Stadt Ettlingen: 58, 59, 60 o. und u., 61, 149
Archiv Touristinfo Forbach: 62
Kongresse, Touristik, Kur Freudenstadt: 65, 66
Stadt Gaggenau: 70 o.
Gemeinde Gochsheim: 80
Gemeinde Karlsbad: 83
Michael Kohler, Karlsruhe: 49
Stefan Krauss, www.post-scriptum.biz: 11, 25
Dorothee Kühnel, Karlsruhe: 6, 29, 30, 31, 33, 37, 38, 50, 68, 69, 70 u., 76 o. und u., 79, 81, 90, 91 o. und u., 92 o. und u., 93, 94 o. und u., 96, 113, 134, 139, 140 o. und u., 145, 146, 151, 152, 158
Gemeinde Marxzell: 98, 99
Stadtarchiv Maulbronn: 103
Klaus Müller: 8, 9, 14, 53 l. und r., 55, 63, 64, 72, 73, 74, 75, 78, 100, 104, 105, 106, 107, 111, 122, 128, 132, 136, 159, 160, 163, 166
Gemeinde Oberderdingen: 109
ONUK Bernhard Schmitt: 85
Volksschauspiele Ötigheim: 112
Gemeinde Pfinztal: 116 o. und u.
Stadt Pforzheim: 119, 120 o. und u., 121
Stadt Rastatt: 124 o. und u., 125 o. und u., 164
Stadt Rheinstetten: 130, 131
Sammlung Frieder Burda: 144
Gemeinde Sulzfeld: 135
Gemeinde Waldbronn: 137, 138
ZKM, Karlsruhe: 86

Umschlagbild
Sammlung Frieder Burda, Baden-Baden

Titelbild
Schlossplatz Ettlingen, Stadt Ettlingen

Karten
Ariane Sohn, Stuttgart: 20, 28, 34, 57, 89, 123

Layout
Steffen Harms, Karlsruhe

Herstellung
post scriptum, www.post-scriptum.biz

Druck
Bosch-Druck, Landshut

G. BRAUN BUCHVERLAG
Karlsruhe

ISBN 3-7650-8531-4